汐見先生と考える

子ども理解を深める

保育のアセスメント

汐見稔幸

中央法規

はじめに

みなさんは「アセスメント」を知っていますか。あまり耳慣れないことばかもしれませんが、企業活動などにおいては、アセスメントはとても重要かつ標準的なタスクの一つです。保育の世界で、これまでアセスメントということばがあまり使われてこなかったのは、「アセスメント＝評価」ととらえて、子どもを評価するという誤解や違和感があったからかもしれません。しかし、今では医療や福祉の分野でも、当たり前に、またていねいにアセスメントが行われていることを考えると、これは保育がいかに保育者主導で行われてきたか、ということの反映かもしれません。

保育の質を上げていくことが世界的、また歴史的な課題になっている今、自分たちの保育にはどういうよさがあり、どこが子どもたちの育ちに深くつながっているのか、あるいはこれからの難しい時代を生きる子どもたちが、乳幼児期にどんなことを体験すれば、将来の社会で人間らしく生きていくための基礎力につながるのか、というようなことをきちんと考えていく必要があると思います。

たとえば、子どもをしっかり観察すること、子どもの思いから保育の計画を導き出すこと、こんな援助をしたら子どもたちの目がもっと輝くかもしれない、といった保育の課題を見つけること、そしてそれを改善していくことがアセスメントです。わたしたち先行世代が、次の時代を生きる人たちをていねいに、また意識性をもって育てていくことを広い意味で「教育」というとするなら、保育が「教育」になっていくためには、やはり自分たちの保育をきちんと評価することがとてもだいじです。

そして、それに一番ふさわしいことばが、アセスメントなのではないか、と思っているのです。

汐見稔幸

Contents

第1部 アセスメントを理解する

第2部

保育アセスメント うちの園ではこうやっています！

第1部

アセスメントを理解する

その1
アセスメントってなんですか?

アセスメントの語源は患者のそばにいてあげること…
今日はいかがですか?
熱は下がったみたいだな
病気の人に寄り添うこと!?
今、困っていることはなんですか?
のどが渇いた
この痛みをなんとかしてほしい
早く家に帰りたい
基本は寄り添ってよく観察し声を聞くことなんです
情報を集めて子どもの状況や状態をチェックするんですね!
そうか!!
もちろん子どもを見るのですがチェックするのは自分の保育です
もっと紙ちょうだーい
むだづかいはダメ!
なぜあの子は紙をほしがった?
わたしの対応はどうだった?
あの子のやりたい製作を、もっと進めるには?
何かチェックシートがあればいいのに
チェックシート
それは無理
変化し続ける子どもに「正解」はありません。
いつも「その次」にどうするか考えていくことがアセスメントなのです
なるほど

「アセスメント」ってなんだろう？

保育を見直そう、保育の質を高めていこう、という話をするとき、保育の世界でもときどき登場する「アセスメント」ということば。本来は「課税のための評価」「査定」「分担金」などを意味する英語ですが、日本のビジネスシーンや環境分野などでは、主に「評価」や「査定」といった意味で用いられています。

しかし当然、「評価」や「査定」ということばをそのまま保育に当てはめることはできません。アセスメントの語源をたどってみると、古いラテン語の意味は「患者のそばにいてあげること」。医師は患者に寄り添い、患者の訴えを聞き、どこが悪いのかを調べ、さまざまな情報を集めて初歩的な判断をし、治療の方針を立てます。つまり、現在、福祉や医療・介護の世界で使われている「アセスメント」のほうが、本来の意味により近いものであるといえるでしょう。

福祉や医療・介護の世界では、ケアを受ける人の身体状況を調べ、生活のニーズを聞き取って、支援につなげていくためのプロセスをアセスメントといい、細かな情報を集めて記入するためのチェックリストを「アセスメントシート」と呼びます。非常に細かい質問項目があり、それによる評価や方針も定まっていて、一人ひとりのニーズに合わせた適切なサービスが提供できるしくみになっています。

ならば、保育の世界でも「アセスメントシート」を作ればいいのではないか？と思われるかもしれません。しかし、それはできません。相手は日々成長し、目まぐるしく変化する「子どもだから」です。子どもは絶えず成長し、変化していくので、昨日のチェックリストではOKだったことが明日も明後日もOKとは限りません。そのため、もしそのようなチェックリストを使えば、変化し続ける多様な子どもたちに、とても形式的で画一的な保育をすることになってしまいます。だから、保育の世界におけるアセスメントは、保育者が自分の保育を自己評価する、というのが正しいあり方なのだと思います。

自己評価とは、たとえば「あの子はなぜこうしたのだろう」という、子どもの気持ちや状況がしっかりつかめたかどうか、ということです。それは、「評価」ではなく「子ども理解」ですから、「リストに従って決まった方法と手順」で進めることはできません。「あんなにサインを送られていたのに、わたしは無視したんじゃないか」「あれはちょっとやりすぎたかな」と、自己評価はいつも子ども理解とセットになっています。そしてその評価の前提になるのも、あの子にはちょっとした手助けが必要、あの子は励ましを求め、あの子は手伝われるのを嫌う、というような子ども理解です。子どもをしっかり理解したうえで、自分の対応はよかったのか、悪かったのか、と自己評価するのです。

その2

子ども理解って何？

子どものことを理解するのが子ども理解なのでは？
ええっ!?
あなたは飽きっぽくて怒りっぽい それは一人っ子だからですね 保育者よりユーチューバーが向いていますよ
えぇっ!!
あなたのことはみんなわかる。そんなふうに言われたらどうですか？
全然当たってないし…
イヤです！
そうでしょう？
子ども理解とはその子が前へ進むために何がそしてどういう関わりが必要かどこを支えればいいかというポイントを見つけること
支えどき 支えどころを知ることなんです
子どもによっては声援だけでいい…
がんばれー
いけるぞ
ほめられるとがんばりすぎる子はあえて冷静に…
無理だと思ったら降りておいでー
それをわかるようになっていくことが子ども理解。そしてアセスメントのだいじなポイントでもあるのです
毎日子どもの活動をよーく見なくちゃですね！
先生はわたしたちの支えどころもわかってますね！

「子ども理解」にまつわる誤解

アセスメントはいつも、「子ども理解」とセットになっています。子どもを理解できていなければ、その場で起こっていることをきちんと理解して評価し、次の展開を予測したりすることはできません。

では、子どもを理解するというのはどういうことでしょうか。「子ども理解」とは、子どもの行動やバックグラウンドなどから、子どもの性質や内面を読み取ろうとすることだと思う人がいるかもしれません。

あの子は攻撃的だ、あの子はやさしい、あの子は弱虫で、あの子はまじめだ。あるいは、あの子はきっと今こう思っている、こう感じている……など。

しかし実は、それは「子ども理解」ではありません。なぜなら、わたしたちは自分自身の性格さえ、ひと言で表現できるほどわかっているわけではなく、一つひとつのことばや行動も、あのときなぜそう言ったのか、なぜそうしたのか、常にはっきりと説明できるわけではないからです。

ことばや行動、しぐさや表情、そして性格の元になっているのは、遺伝子、生活環境、さまざまな個人的な経験や学びなど、ありとあらゆるものの集合体です。そういうさまざまな要素が複雑に絡み合って構成された、自分でも把握しきれない自分を、自分より他者のほうがよく理解できる、などということは基本的にあり得ません。

もしあなたを観察していただれかに、「もうあなたのことはほとんど理解した」などと言われたら、何を勘違いしているんだ、と腹を立てる人のほうが多いのではないでしょうか。

つまり、人の内面を本当に理解することなどできない、ということです。あの子はこういう状況になると泣く、でもあの子はこうすれば泣きやむ、あの子はこう言うと怒る、でもあの子はこう言えば機嫌が直る。そんなことが簡単にわかれば、そしてそれを使おうとするなら、それは教育ではなく人間を操作することにつながっていくでしょう。

「子ども理解」とは、子どもの内面を深く探ってわかったつもりになる試みではありません。一人ひとり違っている子どもたちそれぞれに、またそのときどきにふさわしい支え方、見守り方を学んでいく過程です。

理解を「アンダースタンド」という理由 (understand)

「理解する」ということばを英語にしてみると、その意味はもっとはっきりしてきます。英語ではunderstand。つまり下のほうから立たせる、支えてあげるということ。その成り立ちは、人間の内面を理解する、という意味とは違うことがわかります。

たとえば、一人で楽しそうに遊んでいた子どもの手が急に止まってしまったようなとき、この子は今、だれかに手伝ってほしいのか、それとも励ましのことばがあれば前へ進めるのか、何か別の道具があれば解決できるのか、それより自分で何か答えを見つけるまで黙って見守っているほうがよいのか……。

自分の目の前の状況を的確に読み取り、少し先を予測し、最善と思える方法を選ぶ。それが子どもを理解する、ということなのです。その子のどこを支えれば遊びが先へ進むのか、というポイントを見つけ、またどうやって支えればいいか、という方法を考え試していくことがunderstandなのです。

その見方や判断が、ほんとうに正しいかどうかはわかりません。しかし、支えるポイントを「見つけ出そうとする視点」をもつこと、そしてこういう支え方がいいのではないか、という「仮説を立てる」こと。それこそが、子どもを理解していくという行為であり、アセスメントには欠かせない前提になるのです。

子どもは一人ひとり違っていて、伸びる時期も伸び方も、それぞれに違っています。だからもちろん、支えどきも、支えるポイントも、支える方法も千差万別。今は励ますべきところか、静かに見守るべきところか、それともアドバイスをするのか、環境を変えるのか、少し手を貸すべきなのか、そういうことを少しずつ理解していく過程が「子ども理解」だといえるのではないでしょうか。

そして、その「子ども理解（＝支え方）」が適切だったのかどうかを振り返って判断することも含めてアセスメントです。客観的な見方をするために、一人ではなくみんなで振り返りをし、改善していく。このサイクルをくり返しながら経験を重ねていくことで、「子ども理解」はさらに深まっていくでしょう。

そして「子ども理解」のために欠かせないのが、子どもと子どもの遊びを「観察」することです。

ただ子どもと一緒に遊んだり見守ったりするのではなく、遊びに没頭する子どもを注意深く見つめ、そこで何が起きているのか、その子は何に興味や好奇心を抱いているのか、その行為の意味は何か、課題は何か、どんな遊びや人間関係が展開しているのか、といったことをしっかり観察します。その「観察する力」こそ保育の専門性であり、アセスメントの大前提なのです。

「子ども理解」と「共感」（empathy）

子ども理解の基本は子どもをよく見ることですが、ひと口に「子どもを見る」といっても、その見方には当然それぞれの保育者の癖が出てきます。たとえば散歩のとき、犬のフンを見つけると必ず棒でつつきたくなる子どもがいれば、「汚い」とか「早くやめてほしい」というように、どうしても最初に大人の価値判断が入ります。それは、そういう行動を好きか、嫌いか、というような保育者自身の気持ちです。とっさにそういったことを感じるのは人間ならば当然のことですが、できるだけそういう「判断」を一度ストップさせてほしいのです。そして、「なんでああいうことをしたがるのかな？」と、できるだけニュートラルに、どちらかといえばその行為に対してポジティブに考えます。

もし自分がああいうタイプの子どもだとしたら……と。そのうえで、きっとあんなことがおもしろいんだろうな、楽しいんだろうな、というふうに考えられるかどうか。子どもはもちろん、多様な人々のそれぞれの「よさ」を発見できるかどうか。

それが保育者の力量であり、人間としての成長です。

そのためには、「いい加減」（もちろん「適度」という意味のいい加減です）で「やわらかいまなざし」が大切です。まずは子どもをおもしろがって見てほしいと思います。子どもが何をしたとしてもまずはおもしろがる、そしてポジティブに価値判断する。そのためには子どもに共感できる想像力の豊かさが必要になってきます。

そしてもう一方では、子どもの世界に入り込もうとしすぎないこともとても大切です。子どもに関心をもつことと、子どもの世界に入り込むことは全く別物です。入り込むというのは、別の言い方をすれば「おせっかい」です。

子どもを盛り上げるのが上手で、子どもを乗せるのがうまい先生がいますが、子どもが盛り上がるのは、先生があおって動かしているから盛り上がっているように見えるだけ、ということがあります。

子ども自身が考え、葛藤しながら動いているわけではないので、いつもそんなふうにしていたのでは、子どもの心が育ちません。

あの先生は、何をしていても「おもしろいことやってるねー」くらいのことしか言わないけれど、そばにいてくれると安心する、というような、子どもも理解の名人を目指してほしいと思います。

その3

「保育の質」ってどういうこと？

3年前
おさんぽ行こうよ
先生 おさんぽ行きたい
ねえいつ行くの？
なんで急にお散歩嫌いが増えたんだろう
ひょっとしてお散歩の行き先やコースを変えてない？
し…汐見先生!!
そういえば大きい公園ができたのでそっちへ行くようになりました
だって近いし…
遊具も多くて楽しそうだから
大きい公園
小さい公園
おばあさんのうち
畑
お花
畑
畑
小さい公園は楽しくなかった？思い出してみて
ええと、3年前は…
みんなお散歩も公園も大好きだった
カエルいたー！
こっちも！
遠くまでずんずん歩いておばあさんと話したり…
何してるの？
干し柿作ってるのよ
あっお散歩ルートに楽しいことがいっぱいあったんだ
はっ
そうそう子どもが何を望んでいるのかを考えなくっちゃね
それこそがアセスメント
お散歩コースもアセスメントしながら決めてね
ハイッ

保育の質を高めるために保育所もアセスメントを

幼稚園教育要領には、「評価」という項目があり、その評価に基づいて教育課程や指導計画を改善していく（＝カリキュラム・マネジメントを行う）、という構造が示されています。そしてその「評価」が、アセスメントと言い換えられることもあります。

保育所保育指針（保育指針）には、「カリキュラム・マネジメント」は登場しませんが、それは文部科学省が管轄する幼稚園教育要領と、厚生労働省が管轄する保育指針では、文書に使う基本用語に違いがあるためです。しかし、前回の保育指針改定によって、保育所も認定こども園も、幼稚園と同等の幼児教育機関としての役割を担っていくのだということが示されていますから、「保育所だからカリキュラム・マネジメントもアセスメントも関係ない」というわけではありません。保育所において「養護」が大切であるように、幼稚園でも養護は大切で、幼稚園でカリキュラム・マネジメントやアセスメントが必要なら、保育所にももちろん必要なことな

さらにアセスメントは……

ものや人を客観的に評価する

・人物アセスメント
・環境アセスメント
・リスクアセスメント

最近は福祉や医療・介護、保育の世界でも、適切なサービスを提供するための情報収集・分析の意味で使われるようになってきた。

のです。

　保育指針では、第1章総則の3「保育の計画及び評価」の（5）「評価を踏まえた計画の改善」という項に、すべての職員が、保育の計画や内容を評価して改善し、保育の質を上げていこうということが書かれています。では、なぜ保育指針には「評価」と書かれているのに、保育現場ではアセスメントという用語が広く使われるようになったのでしょう。

　それは、「評価」と聞くと、学校の成績表の「5段階評価」などを連想してしまう人がいるからです。1、2、3、4……、あるいは「よくできる」「とてもよくできる」などの表現は、本来は「評価」ではなく、「評定」といい、全体の中の順位を表したりするものです。子どもに順位をつけるような「評定」と、子どもを理解する試みである「評価」が混同されないよう、あえて「評価」ではなくアセスメントという言葉が使われるようになったのです。

　つまりアセスメントとは、子どもをよく観察してできるだけ深く理解しようとする試みのこと。この子には今何が育っているのか、この子が今求めているのは何か、この子のためにどんな環境を準備したらいいのか、というようなことを見出すための行為です。

　また、あの子の行動にはどういう意味があったのか、自分がこういう言い方をしたのは適切だったのかなど絶えず振り返り改善していくこと。これらは子どもを理解し、保育の質を高めていくために、保育者にとって欠かすことのできない日々の仕事の一つなのです。

「保育の質」はどうやって高めるの？

アセスメントは、保育の質を高めていくために欠かせないものですが、では「保育の質を高める」ためには、どんなことをすればいいのでしょうか？

これまでは、子どもと一緒に遊んだり、子どもがけがをしないよう見守るのが保育者の務めだと、ずっといわれてきました。また、大人が上手に指示をすることで、大勢の子どもたちを一斉に指導していくことも、教育の大切なテクニックの一つとされてきました。

もちろんそれを否定するものではありません。特に子どもたちがみんな自由に遊び回っていられた時代、そして教師が一人で何十人もの子どもを見なくてはいけなかった20世紀という時代には、時には静かにして先生の言うことを聞かなくてはいけない、という教育にはそれなりの意味がありました。

しかし、子どもが思うままに遊びまわり、その中で必死に考えたり、存分に体を使ったり、濃密に人と関わったりすることが少なくなってきた今の時代には、子どもたちに経験させてあげたいことも当然違ってきます。

さらには、子どもが大人から指示されたことをやり、ほめられて育まれてきたものよりも、自分の好奇心や興味・関心から主体的に挑んでできるようになったもののほうが、ほんとうの能力として身につく、ということも次第にわかってきました。

だからこれからは、「はい、やってごらん」「できました」という教育や保育から脱皮して、子どもたちが好きなこと、価値あることに自分からどんどん挑んでいけるような環境を作っていきましょう、ということが、世界的な教育の原理として定着しつつあるのです。

子どもの主体性を尊重し、主体性を育む幼児教育。それが、「21世紀型保育」「環境を通じた保育」「子ども主体の保育」などといわれている新しい保育の基本の形です。そしてそれこそが、わたしたちが目指すべき、質の高い保育。つまり、認知的スキルと非認知的スキルがセットで身につく、幼児教育なのです。

しかし、自然体験をはじめとするさまざまな体験がしにくくなったこの社会で、放っておいたらゲームやデジタル機器のとりこになってしまう子どもたちを、どうやって豊かな学びの体験へと導いていけるのでしょうか。考えなくてはならないこと、工夫しなければならないことはたくさんあります。しかも、「子どもが主体になって」という難しい課題も課せられているのです。

でも、それは不可能ではありません。21世紀型保育のためのアセスメントを、次のページから一緒に考えていきましょう。

その4

さあ、アセスメントしましょう

でも"5段階評価"とかいいますよね!?
通知表
確かにいいますね でも!
全体の中の順位や位置を表すようなものは正しくは**評定**なのです
この子はよくできる
この子はもう少しだ
この子はもっとがんばりましょう
気をつけて…
よく登ったね
こうやってほめることも必要でしょうがわたしたちが今しようとしているのはそういうことではありません
よいしょっ
この子の中に今何が育っているのか
踏み台があったらどうかな?
この子に足りないのはなんだろう
がんばれ
自分の関わりはこれでよかったのか…
子どもの発達や能力のランクづけをするんじゃない
子どもの姿 そして自分の保育も含めて振り返ることなんだ!
ニコッ
わかりましたか?
はいっ!!

アセスメントってどうすればいいの？

保育のアセスメントとは、絶えず「もっといい保育ができないだろうか」と考え続け、改善し続けること。「子どもたちが主体的に、より能動的に関わりたくなるような環境はなんだろう」と考え、日々保育を改善していくプロセスのことをいいます。

それはたとえば、子どもたちが作りたがっているものを観察して、工作の素材や絵の具をもっと増やそう、図鑑を用意しよう、〇〇さんを呼んで話を聞くのはどうだろう？　できればビオトープを作りたいなど、子どもが今の遊びにもっとのめり込めるようなアイデアを考え、実行していくことです。

また一人ひとりの子どもの中に、今何が育ちつつあるのかを見極め、「この子は何を求めているのだろう？」「この子に足りないものは、あとなんだろう？」と保育を振り返り、保育者としての関わりや環境をよりよいものに変えていくことです。

さまざまなタイプの子どもたちが、それぞれいろいろなものに興味をもち、チャレンジをしながら育っていける多様な環境を作り続けるのは簡単なことではありません。簡単でないどころか、保育者の永遠の課題とさえいってよいかもしれません。しかも、ゴールやわかりやすいお手本はないのです。

つまり、こういう種類の玩具が必要数そろっている、こういう道具や文具、楽器がそろっている、園庭にこんな遊具がある、ビオトープがある、食育をしている、動物がいるなど、これを満たせば「質の高い保育を行っている園」というような認定モデルがあるわけではありません。

子どもが一人ひとりみな違っているように、園や保育者もまたそれぞれの個性をもっているのですから、「質の高い保育」というのも当然一種類ではありません。

しかし、もしも「質の高い保育のモデル」というようなものが一つ二つあったとしたら、どうでしょう？ もうだれも「質の高い保育とはなんだろう？」などと考える必要はなくなります。思考停止のまま、単にそのモデルに近づくチェックリストを埋めていく作業がアセスメントになり、やがて全国の園が似たような顔になっていくでしょう。そして思考が伴わない保育の質は、必ず低下していくのです。

だから定型モデルは必要ないのです。一人ひとりが常に保育を考え続け、改善し続けることだけがアセスメントの正しい方法です。毎日こういう方法で、これらの項目について、このような視点でチェックし、評価する、というようなリストを作ったり、細かいルールを作ったりすれば、人は考えなくなってしまいます。

「わかりやすいアセスメントのためのリスト」はありません。そして、作らないほうがよいのです。

アセスメントのおおまかな手順は？

アセスメントの手順

観察する ◀ 記録する ◀◀

定型モデルはないけれど、逆に大枠としてのアセスメントの手順というものは大切です。まずは子どもを観察すること。そして忘れないように記録すること。毎日しっかり振り返りを行い、次の保育を予測して計画を練る。あるいは環境を整える。そしてそれが日案や週案、月案といった保育計画につながっていく、というのが理想的な形です。

ただただ決められた保育計画に沿って、4月だからお花見、5月はこいのぼり、6月はアジサイの造形……と順番に進んでいくだけでは、子どもによってはあまりおもしろみが感じられないかもしれません。ほんとうにみんながそれをしたがっているか、そこから季節を感じ取っているかどうかも疑問です。

もちろん季節の行事は、保育の中で大切な要素ではあります。「この季節だからこそ、こういうことに取り組ませたい」といった保育者の思いや発達の課題もあるでしょう。しかし、カレンダー上の月が変わったからといって、子どもにとって昨

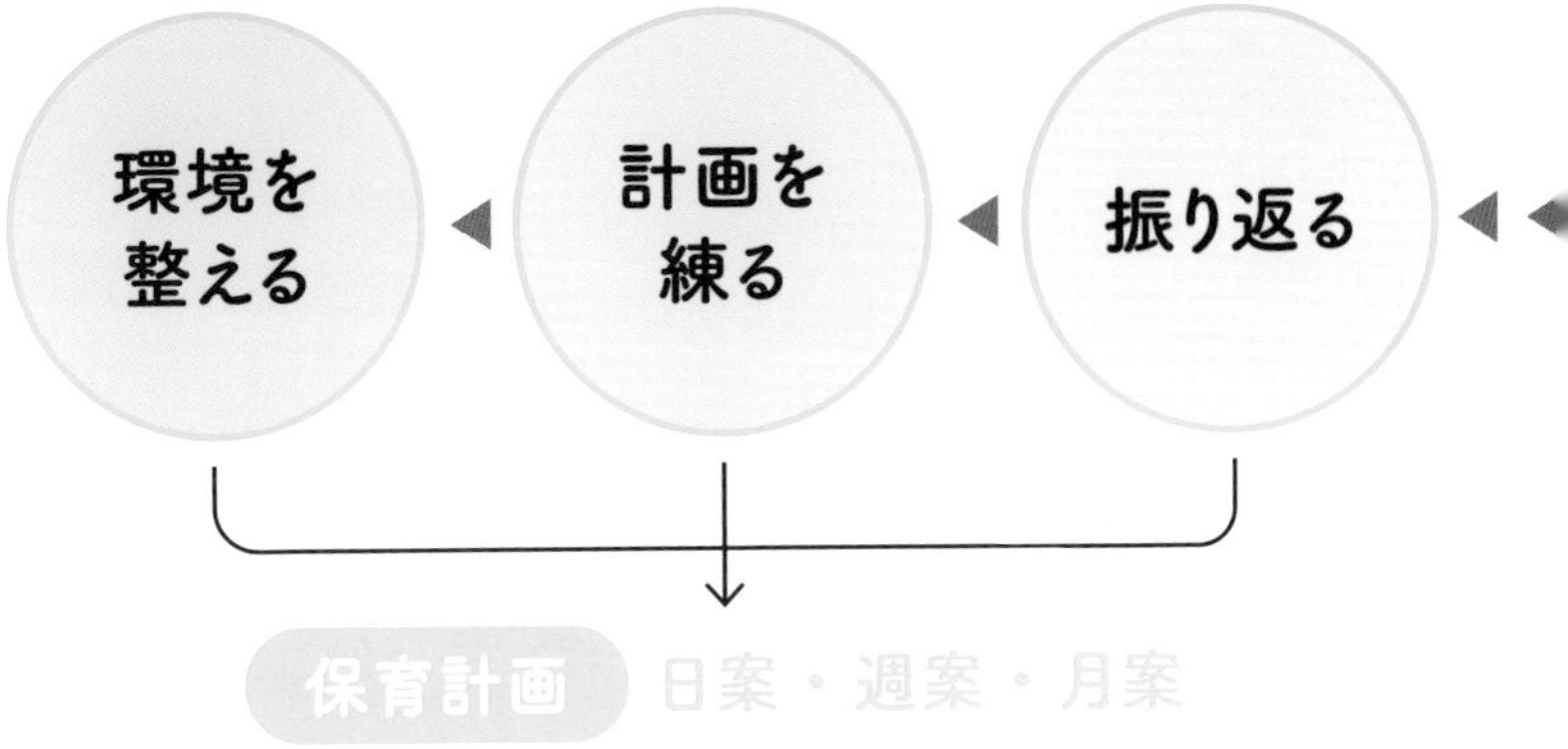

日と今日は、全く別の一日ではありません。昨日と今日、今月と来月は、いつもひとつながりの時間なのです。だからこそ、月ごとの保育計画をただ消化していくのではなく、毎日の子どもの遊びがどう進行し、変化し、発展していくかを観察し、次の展開を予想して、遊びがより深まるような素材を提供したり、環境を用意したりしていくことが大切なのです。

それが子どもたちの遊びをより豊かにし、「こんな経験をしてほしい」という保育者の願いを満たし、さらには季節にも合致しているとなれば、それこそ理想的な展開です。単に子どもや保育の振り返りと評価をすることだけがアセスメントではなく、これら一連の行動すべてがアセスメントであり、目指してほしい保育の専門性でもあります。

そのため、特に重要になってくるのが、毎日のていねいな子どもたちとの「振り返り」です。ワーッと盛り上がって、「今日は楽しかったね!」でおしまい。次の日はまた別の計画に従って……ではなく、「今日はどんなことをしたの?」「明日は何をするの?」と、子どもと一緒に一日を振り返りましょう。その中からみんなで共有したらいいなと思うものを提案してみれば、子どもたちからさまざまなアイデアが出てくるはずです。提案によって遊びの共同化、協働化が始まるのです。

そして、さらにそこから保育者自身について振り返り、またその振り返りをほかの保育者と共有する時間も設けてほしいのです。停滞しないで振り返り続け、考え続け、試行錯誤し続けること。それがアセスメントであり、質の高い保育を目指すという姿勢なのです。

アセスメントの方法①

PDCAとは……

P……Plan（計画）
D……Do（実行）
C……Check（評価）
A……Action（改善）

観察から始まるＯＯＤＡ

保育の世界では、ＰＤＣＡで計画を立てている間にどんどん次のニーズが生まれてきて、実行時にはすでに古い計画になってしまうことがあります。そのため、アセスメントの方法としてＰＤＣＡサイクルよりもＯＯＤＡ（ウーダ）のほうが向いているのではないか、といわれるようになってきました。

日々変化する子どもたちに対応するためには、状況を素早く観察・把握して、スピード感をもって行動する必要があります。その点、計画（Plan）ではなく、観察（Observe）から始まるＯＯＤＡは、子どもの行動や状況の変化に柔軟に対応することが可能になるのです。

Observe＝観察

子どもをよく観察し、客観的な事実を把握します。思い込みや予想、価値判断はせず、「柔軟さ」と「子どもへの共感」が必要です。

Orient＝方向づけ

観察結果に基づいて仮説を立て、方向づけを行います。方向性は一つとは限りません。考えられるだけの方向性を挙げて仮説を立てます。

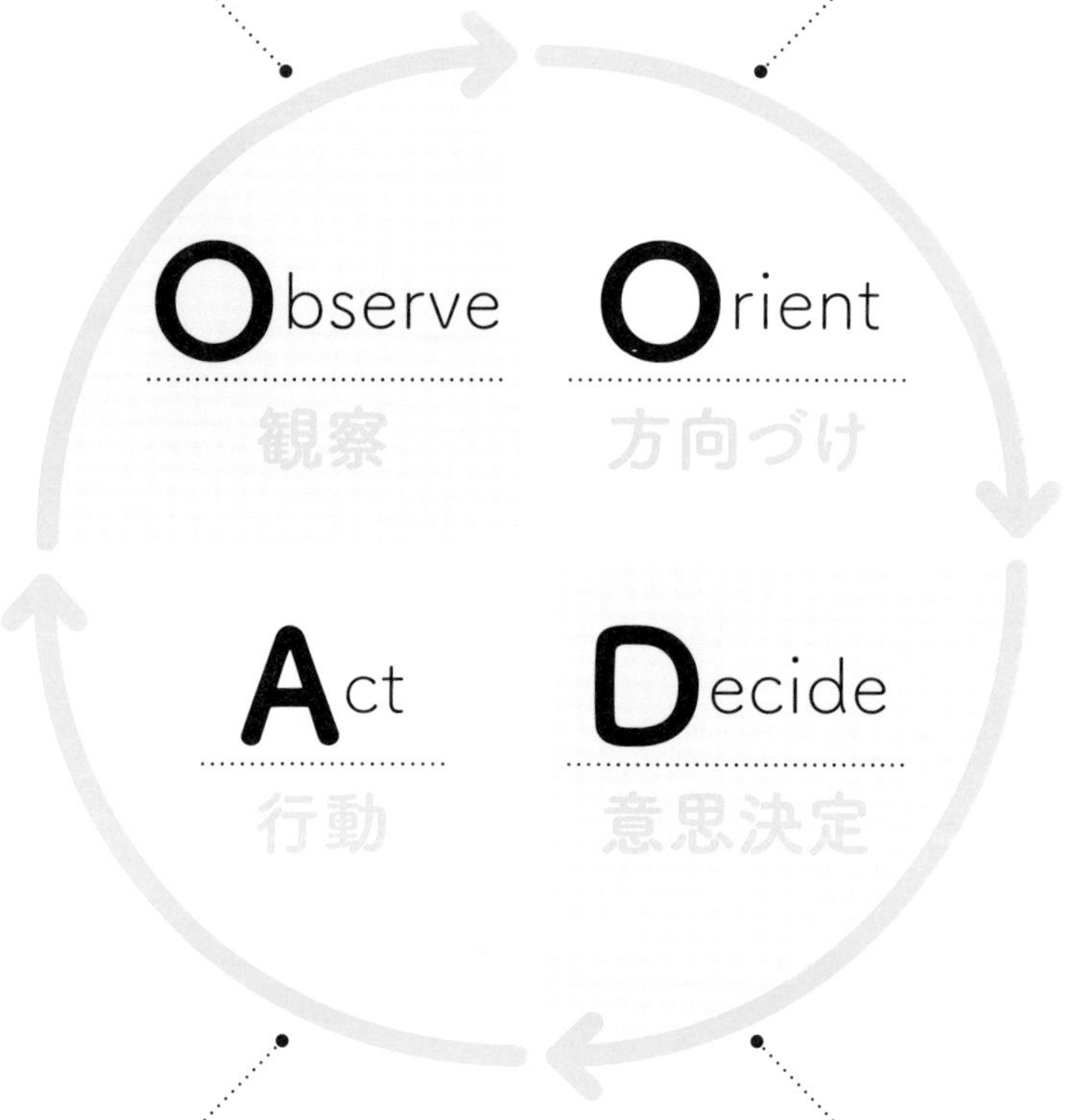

Act＝行動

実際に行動します。行動による変化や、変化しなかったことなどを観察し、すぐに2回目のサイクルに取りかかります。

Decide＝意思決定

これまでのステップを踏まえ、どうなりたいか、求めている結果は何かを明確にして、具体的な方針や行動プランを立てます。

アセスメントの方法②

SOAPの視点で保育を振り返る

アセスメントという観点から見ると、OODAだけではなく、SOAPも実際的で有効です。

これは、医療現場における看護記録の手法の一つです。本来は患者の経過や治療方針などをカルテに記録するときの記入方法ですが、もちろんほかの分野においても役立つ手法です。

毎日変化する子どもの様子や、一人ひとりの成長を見ていく保育の現場には、ふさわしい記録方法といえるかもしれません。

S

Subjective Data ＝主観的データ

保育者が見た子どもの姿

だれが、どこで、何をして遊んだか。どんな人間関係が見られたか、環境との関わりは？　どんな道具を使っていたかなど、保育者が見た子どもの姿を記述します。

O

Objective Data ＝客観的データ

遊びの課題や人間関係を見る

「遊びの課題」と「人間関係」の二つの視点で、子どもは何をおもしろいと感じていたか、どのような経験や育ちがあったかなどを記述します。

A

Assessment ＝アセスメント、評価

保育者の願い＋次に必要な経験

これまでの経験を受け、次に必要な経験を検討します。保育の質を高めるために、最も重要なプロセスです。

P

Plan ＝計画

アセスメントに基づいた環境構成

次にどんな道具を用意するか、どんな助言をするか、あるいはほかの子どもにどんなふうにおもしろさを伝えるかなど、次に求められる保育の環境構成を記入します。

その5

アセスメントの大前提
観察する力

主任
わー 何してるの？
あのね 香水 作るのー
わー 素敵！
わたしも 交ぜてー！
いいよー
10:15 香水作り
どうやるの？
あのね…
早ワザ！ できない わー
ひゃーっ
パシャッ
スマホで 撮れば いいんですよ！
おおっ
でもね 次の日 だいたい 腐ってるのー
うーん
どうすれば いいの かな？
化粧品って アルコールが 入ってるんだよ。 ママが 言ってた
じゃあそれ みんなで 考えて みよう！
わいわい
こうすれば いいじゃん
こういうのは？
このほう がいいよ
じゃあ こうしよう
わいわい
パシャ
パシャ
パシャ
パシャ
こうすい作り
ていねいな 観察と記録。 これが アセスメントの 大前提に なるんですね

観察と記録のレッスン①

ヨーロッパでは画板を持って……

子どもの遊びは、しばしば発展し、変化していきます。遊びのグループも流動的。そのすべてを観察し、覚えておくことは難しいため、観察と同時に記録の方法も工夫しなければなりません。

イタリアやフランスなどには、保育者が紙を貼った画板とペンを持ち、ここで○○のグループがこんな遊びをしている。ここでこの子が△△をしている、こんなところがおもしろいというように、遊びの様子をささっと記録していくところがあります。

それは、観察と記録が保育者のだいじな仕事の一つと考えられているからですが、画板を持って全体を見るとなると、子どものグループに入って遊ぶことは難しくなります。また、こうしたマップ型の記録では、方式によっては、時間の経過に伴う遊びやグループの変化が記録しにくい場合もあります。

一方、個人別の記録は、その子の経験や育ちをていねいに記述することができますが、年齢が上がり、友だちとの関わりが増えていくと記述が難しくなります。日誌型の記録は、その日の活動を振り返りやすい反面、個々の経験や育ちまでは読み取りにくいなど、いずれの方法にも得意不得意があります。

さまざまな媒体と記録方法を組み合わせることで、さらに子ども理解を深めていきましょう。

マップ型記録

このあたりにはこのグループがいて、こちら側ではこんな遊びが展開していた。あの子は行ったり来たりしながら、こんなふうに関わっていたなど、子どもの動きや遊びをマップ上に記録していく方法です。

記録用紙（白い紙、あるいはクラス内の配置、園庭の遊具の配置などがプリントされた紙）に、遊びの様子と子どもの名前、会話、気づいたことや感想などを自由に書き込んでいきます。

記録担当の保育者がいない日本では、小さな紙に遊びと子どもの名前など、ごく簡単なメモを書いておき、時間ができたときにそれを見ながら思い出して記録します。時間の経過に伴って変化するすべての遊びを記憶・記録することはできませんが、印象的なシーンを書き残しておくことで、あとでその全体を俯瞰して振り返ることができます。

また、その記録用紙をクラスの定位置に置いておくことで、担当するすべての保育者が時間のあるときに、自分が加わっていた遊びの様子や補足情報、個別の子どもについて気づいたことなどを書き込んでいくこともできます。

遊びの種類、グループなどがわかるだけでなく、グループに加わっていない子どもの行動や、その子との関わりを振り返るきっかけにもなるでしょう。

マップ型記録の例

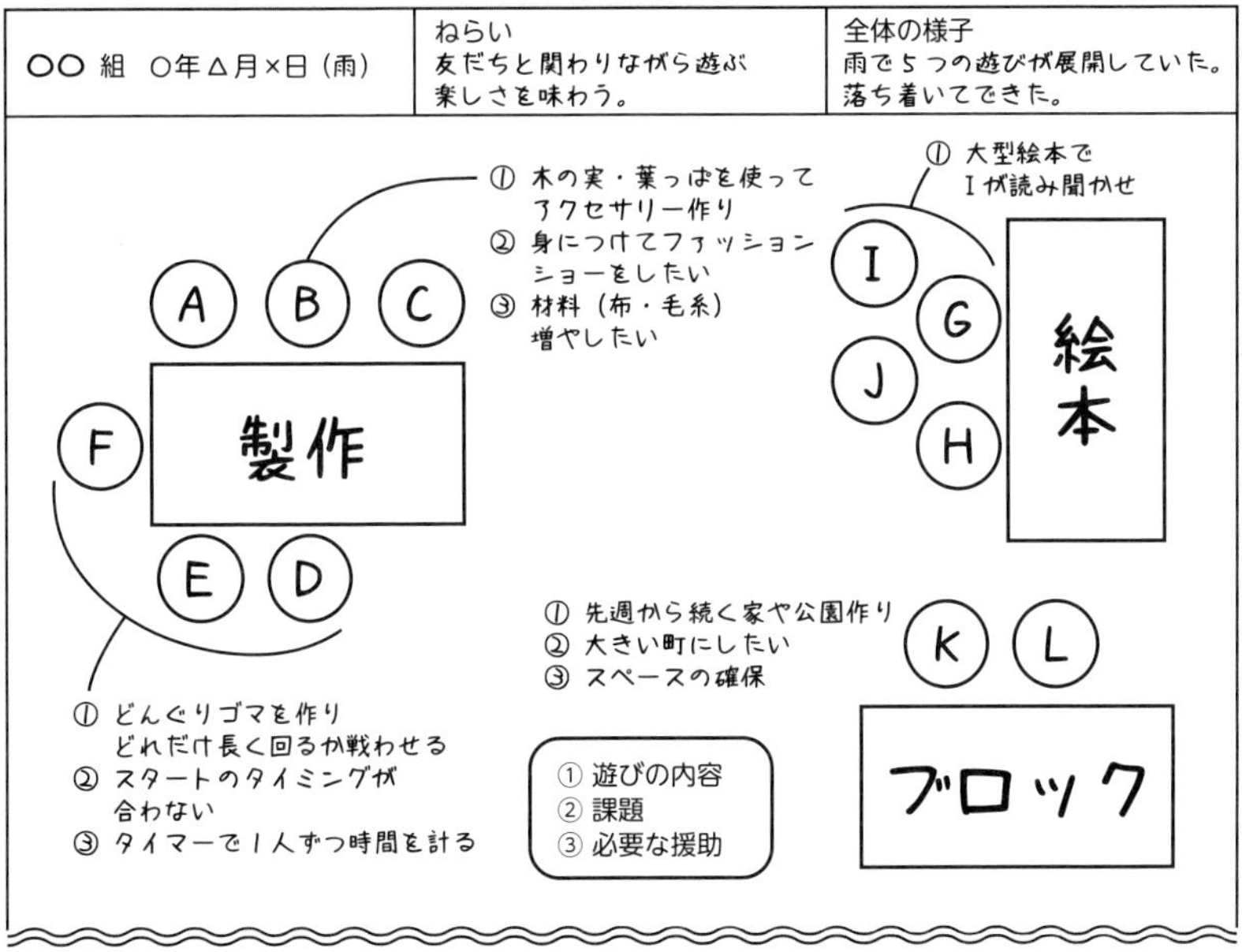
○○ 組 ○年△月×日（雨）
ねらい
友だちと関わりながら遊ぶ
楽しさを味わう。
全体の様子
雨で５つの遊びが展開していた。
落ち着いてできた。
① 木の実・葉っぱを使って
アクセサリー作り
② 身につけてファッション
ショーをしたい
③ 材料（布・毛糸）
増やしたい
A
B
C
F
製作
E
D
① どんぐりゴマを作り
どれだけ長く回るか戦わせる
② スタートのタイミングが
合わない
③ タイマーで１人ずつ時間を計る
① 大型絵本で
Iが読み聞かせ
I
G
J
H
絵本
① 先週から続く家や公園作り
② 大きい町にしたい
③ スペースの確保
K
L
ブロック
① 遊びの内容
② 課題
③ 必要な援助

観察と記録のレッスン②

写真による記録とウェブ図

近年、子どもに関する膨大な情報を整理するのに大活躍しているのが、小型化されたデジタル機器です。かさばる機材を持ち歩く必要もなく、ポケットの中にスマートフォンが1台あれば、記録したい場面をどんどん写真に撮っていくことができますし、おもしろい会話が展開していれば、すぐに録音したり動画を撮ったりすることもできます。

ただし、写真を撮ることに熱心になりすぎてはいけません。目的は「いい写真」を撮ることではないからです。写真を撮るために、「こっち向いて」「今のを、もう一回やってみて」などと言って、子どもの活動を邪魔しないよう、あくまでもさりげなく記録していきます。

そして、撮った写真はすぐにプリント。忘れないうちに、時間と遊び、短い感想

ウェブ図の例

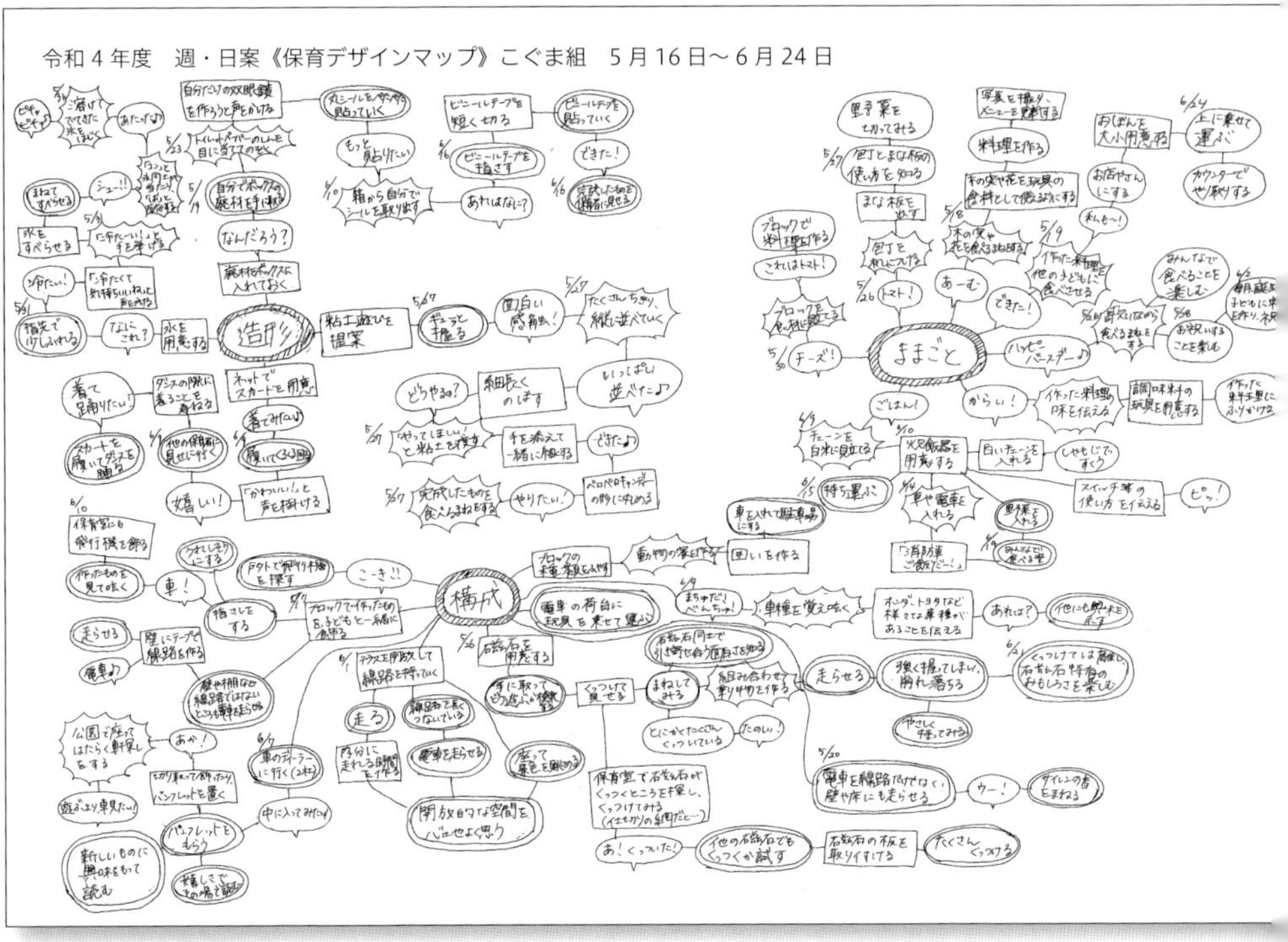
令和４年度　週・日案《保育デザインマップ》こぐま組　５月16日〜６月24日
造形
ままごと
構成

ウェブ図による記録。遊びの中で生まれる子どもの発想、保育者の予想、援助などから展開していく遊びの様子を一定の期間加筆していく。

などをパパッとメモしておき、時間ができたときに子どもの活動記録とともに、そのとき感じたことなどを整理して、写真を選び、貼っていきます。

一つの遊びやグループが時間の経過とともに変化していく様子、あるいはいくつかのグループのそれぞれの活動の様子も、矢印や写真、メモを使って書き加えていけば、活動時間全体の流れが見えるウェブ図ができあがります。

ドキュメンテーション

活動の流れがわかる写真付きの記録は、そのまま保育日誌になるだけでなく、夕方までにプリントアウトすれば、保護者へのドキュメンテーションとして使うこともできます。

ドキュメンテーションは、ことばでは伝えきれない子どもの活動の様子や成長を、より具体的にわかりやすく提示できるアイテムですが、改めて作成しようとすれば手間も時間もかかります。「イベントの日」などに限って作っている園も多いかもしれません。

しかし、メモと写真を組み合わせる記録は、習慣になってしまえば意外に簡単な方法です。「子どもの今」をリアルに保護者に伝えることができるだけでなく、毎日掲示することによって、クラス同士や学年間での情報共有も進むため、子ども理解や合同の活動計画などに活かすこともできるのです。

保育日誌として残す原本には、その日の当初の予定（日案）や反省、さらには「明日はたぶんこう展開するのではないか」という予測も書いておきましょう。その予測に基づいて次の日の計画を練るのです。それが日案になり、週案につながり、月案にもつながっていく。つまり記録の延長に保育計画が生まれてくるというのが、理想的な計画のあり方なのです。

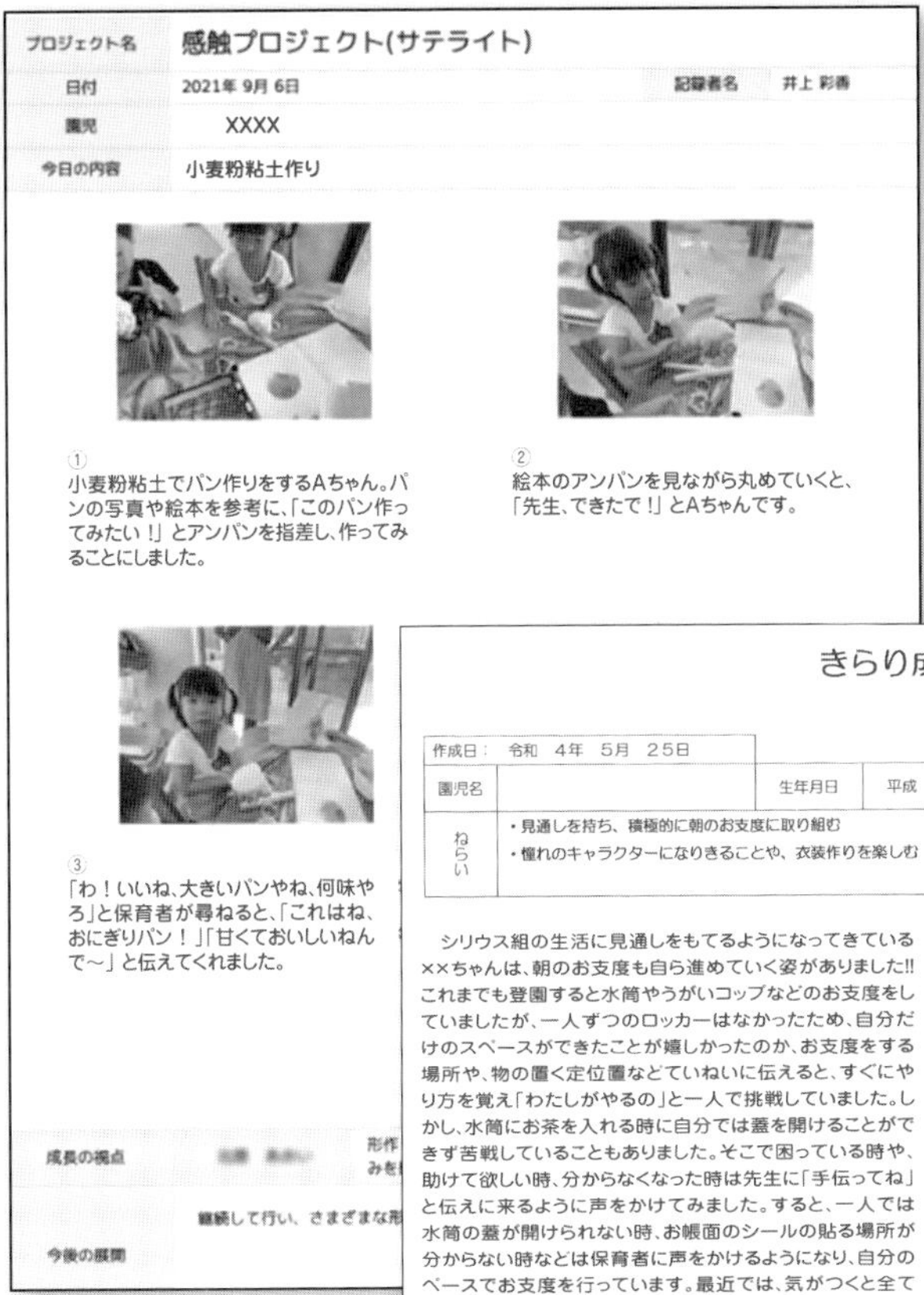

プロジェクト名	感触プロジェクト(サテライト)		
日付	2021年 9月 6日	記録者名	井上 彩香
園児	XXXX		
今日の内容	小麦粉粘土作り		

①
小麦粉粘土でパン作りをするAちゃん。パンの写真や絵本を参考に、「このパン作ってみたい！」とアンパンを指差し、作ってみることにしました。

②
絵本のアンパンを見ながら丸めていくと、「先生、できたて！」とAちゃんです。

③
「わ！いいね、大きいパンやね、何味やろ」と保育者が尋ねると、「これはね、おにぎりパン！」「甘くておいしいねんで〜」と伝えてくれました。

成長の視点		形作 みを
今後の展開	継続して行い、さまざまな形	

ドキュメンテーションの例

写真とコメントを組み合わせて作るドキュメンテーション。その日の活動の進行状況や展開だけでなく、子どものことばや表情もリアルに伝わってくる。

きらり成長記録

RISSHO KID'S きらり 岡本

作成日：	令和　4年　5月　25日				
園児名		生年月日	平成　30年　7月　30日生	月　齢	3歳　10か月
ねらい	・見通しを持ち、積極的に朝のお支度に取り組む ・憧れのキャラクターになりきることや、衣装作りを楽しむ				

シリウス組の生活に見通しをもてるようになってきている××ちゃんは、朝のお支度も自ら進めていく姿がありました!! これまでも登園すると水筒やうがいコップなどのお支度をしていましたが、一人ずつのロッカーはなかったため、自分だけのスペースができたことが嬉しかったのか、お支度をする場所や、物の置く定位置などていねいに伝えると、すぐにやり方を覚え「わたしがやるの」と一人で挑戦していました。しかし、水筒にお茶を入れる時に自分では蓋を開けることができず苦戦していることもありました。そこで困っている時や、助けて欲しい時、分からなくなった時は先生に「手伝ってね」と伝えに来るように声をかけてみました。すると、一人では水筒の蓋が開けられない時、お帳面のシールの貼る場所が分からない時などは保育者に声をかけるようになり、自分のペースでお支度を行っています。最近では、気がつくと全ての朝のお支度を終えており、「お支度全部終わったよ」と伝えてくれたり、「あとトイレだけ」と誇らしげに報告してくれています♪このように一つひとつのお支度に見通しをもっているからこそ、全部終わったという達成感を得ていたり、お支度後の遊びに期待感がもてているように感じます。これからも引き続き朝のお支度に主体的に取り組んでいきましょう!

以前からプリキュアの衣装が作りたいと何度も伝えてくれており、最初に興味があったのがデリシャスパーティープリキュアのキュアヤムヤムでした。そこでプリキュアの写真を保育室に貼り、衣装のイメージが想像しやすいようにしてみました。すると、「ヤムヤムは黄色だよ!」「白いものを付ける!」「可愛くしたいし、ここは同じにしたいな」など沢山のアイディアを伝えてくれました。そして、一緒に色や素材を考えたり、作り方や貼り方を提案し、写真を参考に仕上げていきました☆自分で作った衣装はお気に入りで、完成してからは毎日のように着てなりきって遊んでいたため、プリキュアの音楽を流したり、みんなの部屋でダンスをしたりする時間も設けています。

ポートフォリオの例

ポートフォリオ（成長記録）は、ドキュメンテーションを蓄積した個人の記録。家庭に配布するドキュメンテーショへの返信も含めて、子どもの成長や学びを細やかに見通すことができる。

観察と記録のレッスン③

エピソード記録

エピソード記録は、子ども観察の実践であり、子ども理解にも役立つだいじな実践です。

エピソードは、毎日の保育の中に現れる、子どもたちの印象的なシーンや、小さな物語を切り取ったもの。そこに現れることばや行動、強い思いには、子どもの成長や発達のポイントが、たくさん散りばめられています。

子どもの年齢によっては困った行動ばかりが目につくかもしれませんが、エピソード記録は次の保育につなげていくのが目的です。「○○で困った」「○○だったので叱った」ではなく、「……で困ったけれど、もしかしてこんな理由があったのかもしれない。次はこう対応してみよう」と前向きに書いていきます。

なぜ記録するのかといえば、それは子ども理解のため、そして子どもの学びを進めるためです。わたしたちの目に見えるのは子どもたちの実際の行動だけ。子どもがなぜそうしたのか、どんな思いでそう言ったのかなどは、あとでそのシーンを振り返り、ことばに置き換えていくことで初めて意味として見えてくるからです。

毎日すべての子どもについてのエピソードを書くというのは現実的ではありませんが、子どもの発達過程をしっかり学んでいくことで、印象的なシーンもたくさん見えるようになってくるはずです。

文字タイプのエピソード記録の例

日時	平成21年　6月　25日	場所	庭
テーマ	無関心ではいないということ	対象児	F児（3歳）　A児（2歳5か月） S児（2歳11か月）　H児（2歳3か月） K児（2歳6か月）
経過及び状況		記録者	工藤佳代子
K児と保育者でダンゴ虫を捕まえ、虫かごに入れる。虫かごが汚かったので、きれいにしてあげようということになり、ダンゴ虫を別のプラスチックケースへ入れる。そこへF児がやってきて、ダンゴ虫を見ようとプラスチックケースの端を持つ。すると「触っちゃだめ」とK児。F児が手をずらすと「ここもだめ」と言う。F児が手を放さないと、無理に手を外そうとする。F児が泣きながらケースをひっぱると、K児も泣き始めケースをひっぱり取り合いになる。ふたりとも激しく泣き、「Fちゃんも」「Kちゃん」と言って譲らない。保育者はそばでひっくりかえらないように見守りながら、「Kちゃんダンゴ虫のお家をさっぱりさせてあげようと思ったんだけどね」「Fちゃんも見たかったかな」と双方の気持ちを代弁する。S児がやってきてふたりのそばに座り、双方の背中をさするが、ふたりは変わらない。S児は口をぎゅっと結んだままその場を離れ、少し離れた所から見ている。H児もやって来て「どうしたの」とふたりに尋ねるが、泣いていて答えは返ってこない。H児は実習生の背中に回り様子を見る。		保育者が「困ったね、どうしようか」と言うと、保育者の横で「ね～」と A児も心配そうに見ている。F児がひっぱり勝ち、ケースを持って、柿の木の方へ走っていく。K児は泣いて保育者に抱きついてくる。K児に「Fちゃんにお話ししようって行こうか?」と言うとうなずく。すぐ隣にA児がいたので、「AちゃんKちゃんと一緒に行ってもらっていいかな？」と尋ねると、「いい」と言ってK児と手をつなぐ。A児が「まてまて」と追いかけようとしたので、「まてまてじゃなくて、Fちゃんとお話ししましょうがいいと思う」と言うと「（おはなし）しましょう」と言って F児のほうへ行く。F児はケースを持って逃げる。庭を1周半くらい追いかけているうちに、K児とA児が笑いだす。「Aちゃんシーソーやろうか」とK児が誘い、追いかけるのをやめてシーソーに乗る。二人が笑って乗っていると、F児が来て、ケースをK児の前に置く。「Fちゃんもいい？」と聞くと、「いいよ」とK児が答える。3人で乗っていると、「Sちゃんも」「Hくんも」と加わり、結局5人で乗り、キャーキャーと声を上げる。	
＜読み取り・意味づけ・感想など＞ 6月に入ってから、トラブルの際に「どうしたの」「大丈夫」と一人ひとりが何とかしようとする様子が頻繁に見られるようになった。その表情からは、野次馬的に近づいてきているのではなく、困ったり悲しんでいるのをほうってはおけずに何とかしようとしている様子がうかがえる。今回の事例では特にS児とH児は、F児とK児の泣いている声に自分たちまでもが悲しい気持ちになっていた。A児が「いい」と手を差し伸べたときに、K児が何の迷いもなく手をつないだ様子から、A児を信頼し、頼りにしているK児の思いを感じた。問題の直接的な解決にはならなかったとしても、悲しかったり、困っていて心がくじけそうな時に自分の思いに寄り添い、力になってくれたり、側にいてくれる友だちの存在は、心強くもあり、嬉しくもあると思う。そして実際に自分がしてもらった経験が、立場が変わったときに、何とかしてあげようという気持ちにつながっていくのではないかと思う。今大人も子どもも他人に対しあまりにも無関心な人が多いといわれている中で、自分とは直接関係のない場面においても、友だちのことを気にかけ、何とかしようとする思いは人との関わりの中で大切に育てていきたい感情である。直接トラブルに関わっている本人たちだけのこととせず、その周囲で見ている子どもたちにとっても、さまざまな思いを育てているということを考えて関わっていきたいと思う。また、保護者に対しては、具体的な関わりの中から、子どもたちが何を感じ、積み重ねているかということを伝えていきたいと思う。			

以前は主流だった、文字だけで構成されたエピソード記録。客観的な視点で、自分の行動や子どもの行動、表情などもわかりやすく記述する。

もっとエピソード検討会を

エピソードは書くだけでなく、それをみんなで検討することがだいじです。たとえば、「あるシチュエーションで子どもが泣き出し、『どうしたの？』と何度聞いても泣いているだけで、困ってしまった。ひょっとすると○○だったのかな。まずは抱きしめてあげればよかった」というエピソード。そこに書かれているのは自分の見方による振り返りです。

しかし、検討会を開くことで、

「その子には、以前こんなエピソードがあったよ」

「こんなふうにしてみたらどう？」

「それにしてもわたしたちは、すぐに『どうしたの？』って聞きたがるよね」

など、違った視点やアドバイス、その子への接し方や保育者みんなの反省点など、さまざまなことを検討・共有することができます。また、若手とベテランの認識を一致させるのにもエピソード検討会はとても有効です。

検討会の時間がとれなければ、打ち合わせや会議を始める前の10分ぐらいを「その日の子どもの行動でおもしろかったこと、考えさせられたこと」などを出し合い語り合う時間にするというのも一つの方法です。そうすると、日頃の子どもへの接し方、理解の仕方がプラスの方向に移動していくはずです。こんなことできない↓だからさせよう、ではない保育につながっていくのです。

第2部

保育アセスメント
うちの園では
こうやっています！

レポート 1

東京家政大学 ナースリールーム

【東京都板橋区】

1967年、東京都板橋区にある東京家政大学家政学部児童学科の附属機関として発足。2019年から認可園に。0・1・2歳児19名。

注目ポイントは、
あふれる
エピソードトークと
エピソード記録ですね！

汐見先生

東京家政大学
ナースリールーム施設長
工藤佳代子先生

自分のペースで育ち、感じることを大切に

東京家政大学ナースリールームの保育方針の一つは、一人ひとりの発育や発達に応じたていねいな関わりをこころがけ、その子らしさ、その家庭らしさが育つ援助をすることにある。

みんなで育ち合う場

ナースリールームの開設は、「学び続ける女性」や「働いてキャリアを積む女性」の存在が、まだ世の中にあまり認知されていなかった50年も前。女性が学ぶこと、仕事を続けることを保障すると同時に、子どもの最善の利益を追求しながら社会で子どもを育てていこうという、今では当たり前の、しかし当時としては画期的な考えのもと、０・１・２歳児の保育施設として50年以上実践を積み重ねてきました。

発育や育ち（発達）を考えた幼児食

ナースリールームが大切にしていることの一つに食事があります。東京家政大学は、管理栄養士を育成してきた大学でもあります。「幼児食」という概念がない時代から、子どもの発達に必要な食事、そしておいしさを追求してきました。

現在は管理栄養士（隣接の認定こども園と兼務）を中心に、保育者とも密にやり取りしながら、栄養バランスはもちろん、乳幼児の味覚やそしゃくの発達なども踏まえて、季節の味覚や彩り、そして日本の食文化を大切にしながら毎日の食事を提供しています。

保護者から作り方の質問があったときには、家庭で作りやすい量で書かれたレシピを渡しています。

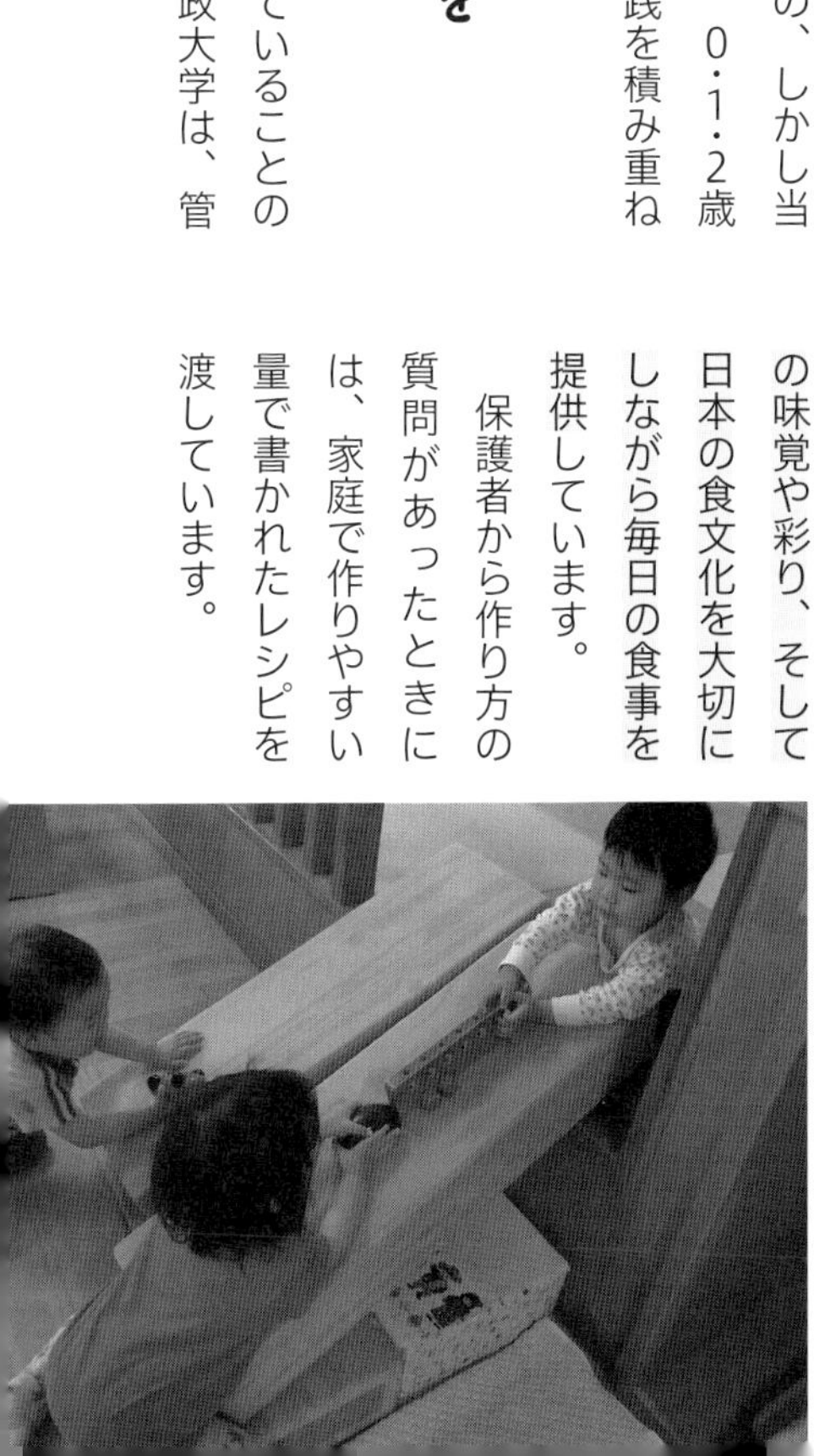

子どもの姿をエピソードで共有

エピソード記録って？

エピソード記録とは、印象に残ったできごとの記録です。文章に限らず、写真や動画、もちろん口頭でも共有することができます。

エピソードを共有し、記録し、検討会を開くことは、保育の質を高めていくためにわたしたちが心がけてきたことで、エピソード検討会以外でも、エピソードの共有は日常的に行っています。昼休みには、午前中の子どもの様子が話題にのぼることが多く、担任以外の子どもについても職員間で共有します。

だいじなのは、主観を入れずにそのできごとをわかりやすく説明すること。そしてそれをどう理解し、解釈したか、ということです。

思い込みを排除して、そのできごとをきちんと語るためには、子どもを深く冷静に、客観的に見ていくことが基本です。

エピソードを読み解く

エピソードを語るとき、また記録するとき、それを保育者がどう読み解くかということも、大切なポイントです。

そのエピソードをどう読み取ったかという保育者の考察によって、保育者の思いや子どもとの関わり方、保育の中で大切にしていること、またそれによって子どもの中で何が育っているのかなどが伝わってきます。

エピソードには、おもしろい場面だけでなく、一見困ったと思われる場面も含まれます。わたしたちは、どんなときにも「子どもの行為には必ずわけがある」という視点をもって、子どもを理解しようとすることを大切にしています。

ある日のエピソード記録の例（文字タイプ）

日 時	平成22年　10月・11月	場 所	乳児室
テーマ	保護者対応	対象児	K児と母
経過及び状況		記録者	工藤　佳代子

エピソード 1 『いやだ いやだ』

K児が『いやだ いやだ』の絵本を気に入り何度も繰り返しみるようになる。主人公のるるちゃんが“いやだ いやだ”という場面では真剣な顔をして首を振っていた。お迎えの時にK児の様子を母に話すと、K児も家で“いやだ いやだ”と言っていると困った表情になる。「この時期は何でも嫌なんでしょうかね」と尋ねられる。「何でも嫌ということもあるかもしれませんが、嫌というより、いいよがひとつだけということもいえるかもしれません。答えをひとつしか持ち合わせないので、それ以外は嫌ということになってしまうのかもしれませんね。」とお話しする。「そうか、ママがひとつのいいよに気がついてあげられないのか」とのこと。「わかってあげられることもあるけれど、なかなか狭き門なんですよね。いつもいつもわかってあげることがいいとも限らないとも思います。わかってもらおうとKくん自身が伝えようとすることも大事だし、自分の思っていたのと違う答えが来ることで『そういうのもいいか』と許容範囲が広がっていくこともあると思います。」と話をする。井桁が雑誌に掲載した『愛すべき反抗期』という記事をコピーして渡す。

エピソード 2 はだかにケープ

「今日も朝からバトルしてきました」と言って入室することが続いた。洋服を着せることに日々悪戦苦闘している様子だった。他児の例も挙げ、「風邪さえひかなければいい」くらいの気持ちで、お母さん一人で完璧にちゃんとしようと思わなくても大丈夫ですよ」と伝える。すると「今日はとんでもない格好できました！」とにこやかに入室してきた。裸にケープをまとい、その上からジャンパーを着ていた。洋服を着るのは嫌だけど、ナースリーに行くための（外に出るための）上着はきてもいいとのことだったようだ。

エピソード 3 集団の魅力

入室時、乳児室には行かずに幼児室に行きたがることが出てきた。「Kはつくしさんだよ」と戻そうとする母に、危なくない範囲でKくんの興味を尊重していきたいと思っていることを伝える。学年だけで分けるのではなく、乳児室（月齢が一番高い）で遊びをリードする立場であったり、たんぽぽさんに加わりちょっと頑張ってついて行ったり、一番ちびっことして守ってもらったり、いろいろな立場での経験をしていけたらと思っている、と伝えると「こういう所だから出来る経験ですね。よかったね、K」と母。

＜読み取り・意味づけ・感想など＞

K児の母とのやりとりのほんの一部である。**できるだけその場その場で解説をしていく・母が自分自身に否定的な感情を持たないようにする・何でも話せるような雰囲気を作る**ことを心がけて接するようにしている。前回の事例検討会より、自分の尺度ではなく、今お母さんが何に困っているのか、悩んでいるのかに出来るだけ近づければと思っている。今強く感じていることはお母さんがK児のことを知りたいと思っていることだ。家庭における「こんな時にはどうしたらいいか？」というような具体的な質問が多いが、K児のナースリーでの様子を伝えながら答え、家庭で困った時にK児の思いに近づけるヒントになればと考えている。母がK児の思いとずれているだけでなく、母の自信のなさをK児が感じ取ってか、母に対する甘えもあってか、ナースリーでは見られない横暴な態度も目にする。K児側からの解説だけでなく、母の思いにも出来るだけ寄り添えたらとも思っている。この頃は母がK児にもK児の思いがあり尊重しようとしていることが伝わっているのだろう、入室して母が去るときに後を追うことが出てきた。来年の5月より仕事への復帰予定。送迎ができ、ナースリーにゆったりと関わっている時期に、何でも話せる信頼関係や、子どもを信じてその成長を一緒に見守っていけるような関係が築ければと思う。子育ての大変さは成長とともに変化してくると思うので悩みは尽きることはないと思うが、大変さの中にも子育ての楽しさを感じ、K児の母としての自信が持てるような支援とは何かについて考えながら関わっていきたいと思う。

一つのエピソードに焦点を当てるだけではなく、同じテーマに関するエピソードを時系列で記録することも。「読み取り」では、感想や子どもの思い、保護者の思い、そして保育者が抱く思いなどについても考察を広げる。

保育者（特に担任）は、どんなときにもその子の理解者であり、味方として、子どもを否定しないで見ていくことが必要です。いくら考えても答えが見つからないときには、一人で抱え込まずにエピソードを語ることで、同僚から違った視点のアドバイスをもらい、子どもの見方を広げます。一見困ったと思われる子どもの行為を「困ったこと」にしないためにも、子どもを深く観察し、エピソードを語り合うことを大切にしています。

エピソードトークで保育者も育っていく

どんなふうに活用する？

ときには一つのエピソードをみんなで深く掘り下げることも大切にしています。

記録者がテーマとエピソード、それをどう読み取ったかを発表し、意見交換をします。感想や疑問に思うことはストレートに言葉にしますが、どんな場合にも相手を批判するのではなく、「違う視点からの捉え方はないか」「自分だったらどうするか」など、さまざまな方向から検討するよう努めています。

みんなで振り返る

あるとき、散歩に出る2歳児が開けたドアを、2年目の保育者がすうっと閉めました。すると、2歳児に続いて出ようとしていた1歳児が、ふっと身体を引きました。「(自分も)出る！」とは言わず、「出ないほうがいいんだな」と、保育者の思いを察したのかもしれません。

わたしは少し気になりました。保育者が職員室へ来たとき、「朝のことなんだけど……」と話そうとすると、その保育者は「やってしまいました」と涙を流しました。自分でも子どもの様子に気づいていたようです。

このエピソードも、先輩たちから見れば保育者として成長するための大切なできごと。大人の思いを優先させるのではなく、いつも子どもの気持ちに寄り添う大切さを改めて学んだ瞬間でした。

保育の中で悩んだり迷ったりする経験は、保育者として成長する場面です。それを職員間で共有することが、園全体の保育力をつけていくことにもつながっていきます。

エピソード記録（写真タイプ）

『友だちについての理解』

（エピソード内容）

砂場にかけた一本橋を渡るWちゃん（2歳1か月）とKくん（2歳5か月）をMちゃん（2歳5か月）が手をつないでエスコートしました。でもその関わり方には違いがあります。Wちゃんに対してはWちゃんの足元をよく見てゆっくりゆっくり進みます（写真2）。KくんのときはMちゃんのペースで少し引っ張り気味です（写真1）。


（写真1）

（写真2）

エピソード記録（動画タイプ）

『遊びの中で子どもが得ているもの』

（エピソード）

YくんとIくん（ともに3歳1か月）、午睡の前にランチルームで木製の卵型の積み木を転がして遊んでいる様子を撮影した12分間の動画。

写真や動画を見ながら、エピソードについて一人ひとりの保育者が読み取ったこと、感じたことなどについて語り合い、子ども理解や考察を深めていく。

子どもの育ちはエピソードで記録する

Ⓐ遊び　㊂言葉　Ⓤ運動　Ⓗ人間関係　Ⓢ生活

令和 4 年 6 月 2日（木） 天気 晴れ	
【出欠・体調】	【食事】
【A くん】チョウを見て (言)「はらぺこあおむしのお母さん？」「森の中に行ってみようよ」と木々の中に入ることを提案。 (あ)・散歩で張り切っていたのか、羽つきのアリを見つけてつかまえようとする。保育者がつかまえると「A ちゃんの手にのせて」と手を伸ばす。 ・帰ることになると「やだ、もっと遊びたい」と機嫌が悪くなる。 (運)プール棟まで行って帰る体力あり。	【C くん】(生)パンツで入室 (人)D のブロックを故意に壊す（数回）。保育者がやってはいけないことをしっかり伝えると、涙目になるが泣き出さず受け止めている様子。その後は手は出さずD と会話を楽しむ！ (運)プール棟までの体力があるが、帰りは歩くペースがゆっくりに。2人での遊びが増える。 A が台にまたがり、C が大型つみきにまたがる。 A「いろんなサイレンなります！ウーカンカンカン」 C「ピーポーピーポー」C が思いを汲み取りA に合わせる瞬間が多い。
【B くん】(人)朝母にくっついて保育者を拒む「先生やだ」ということがパターン化されているよう。 (あ)・散歩に誘うと↑との間で揺れている。 ・自分のカサを持って散歩へ。最後まで持ち続ける。 ・転ぶが「やだー！」と怒り、涙をこらえる。 (あ)(言) ・散歩中とても機嫌よく、いつも以上にお話が多い。 →帰り道を進むと「もっと」「帰りたくない」と不機嫌が強まる。怒ったような表現を出す。（疲れもある） (人)(言) 自分に向けられたものではない他児の言葉を拾って「やだ」と怒り手を上げ叩こうとする。穴ぐらに入り文句を言う。A も入ってくると「B ちゃんの！	【D くん】(運)小走りなど動きのスピードがより出てくる。 (あ)保育者が手遊びを始めると持っていたゾウ（ブロック）をTシャツの中にしまって腕ではさんでから手遊びを真似しようとする。 指人形は手に取るモノが決まっている（お気に入りがある。キリン、タコ、パンダ、インコさん） ブロック車にパーツをくっつけようとする。 (言)・「っち！」（場所を示す指差し） ・声のボリューム力強さ増している。 (生)ズボン　立って自分で履こうとする。

2歳児の日誌

小さなエピソードを書くときにもテーマが大切。なぜこのエピソードが自分の心に留まったのかを考えると、必ずそこにテーマがある。長いエピソードは特に、テーマがないと、話が脇道にそれてしまいがち。

エピソードってどういうもの？

保育日誌には、個々の様子を書く欄を設けています。それぞれの子どもの遊びや生活の様子、保育者や友だちとのやり取りなどを書いていますが、その中のいくつかはエピソードとしても記録しています。

記録は、単に一日のできごとの覚え書きではありません。個別の記録を書くとき、その子の具体的な姿が浮かんでこない、あるいは自分には「書きやすい子」と「書きにくい子」がいる、と気づいたら、それが自分と保育を振り返るタイミングです。

その日の様子が思い浮かばなかった子は、その日、自分に見えていなかった子。翌日にはこの子をもっとフォーカスして見ていこう、と考えます。

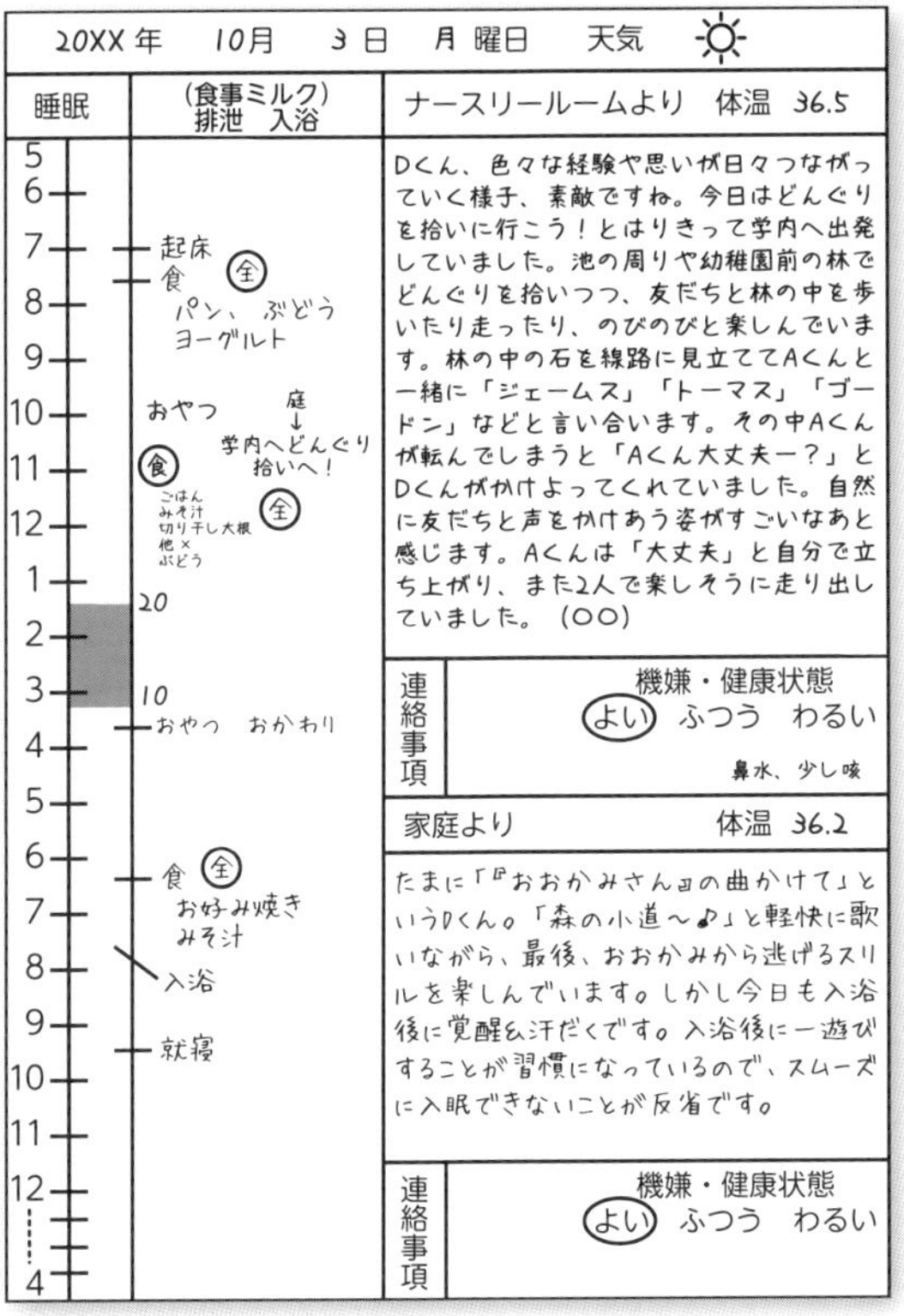

連絡帳

記述は上の半分がナースリールームから、下の半分が保護者から。
連絡帳は、家庭に渡し、園では全てスキャンして残す。

連絡帳はエピソードのやり取り

連絡帳に書くのは基本的にエピソードです。これがおもしろかったから、という理由で書くのではなく、友だちとのやり取り、食事、午睡、製作、言葉、散歩など、なるべくさまざまな視点で捉えるようにしています。

保育者は日中の子どもたちのすべてを見ていますが、保護者に見えるのは主に朝夕の姿だけ。保護者と離れている間のさまざまな場面のエピソードを伝えることで、子どもの生活が立体的に浮かび上がります。

そして、たっぷりスペースのある保護者の記入欄に書かれているのも、家庭でのエピソードです。エピソードを通して応答的にやり取りしていくことで、子どもの育ちだけでなく、保護者が変化していく様子もよくわかります。

子どもの成長が見える一瞬を逃さない

クラス便りでエピソードを共有

毎月のクラスだよりにもエピソードを載せて、保護者とも子どもの様子を共有しています。エピソードをきっかけに、保護者同士が話をしたり、自分の子どもとともに育っている他の子にも関心をもつことが大切だと思っているからです。

子どもが表現することや子どもの姿、表情など、外面的に見えるのは、実は子どものほんの一部分。そしてほんの一瞬です。わたしたちが保育者として伝えたいのは、目には見えない子どもの心の動きや気持ちです。常に子どもをていねいに見ることで、わずかに動く目線や表情、指先の動きや後ろ姿から、子どもの思いにできるだけ寄り添いたいと思っています。

初めてのおやつ

Sくんは6月8日に初めておやつを食べました。おやつの焼きドーナツを食べ始めると、焼きドーナツを手に握り嬉しそうに食べています。しかしだんだん首がカクカクッと前後に揺れ、目が閉じてきました。眠そうに舟をこぎながらもおやつから手を放しません。「お布団で寝ようか」と保育者が声をかけて手に握っているおやつをもらおうとすると、「ん〜」と"まだ食べたい"というようにぎゅっと握ります。ですが数分後、眠たさが勝り眠ってしまいました。おやつを離すことなく抱っこで布団に行き、横になっても握りしめています。眠たさがありながらも、初めてのおやつにうれしく思っているSくんの思いが感じられるひとときでした。

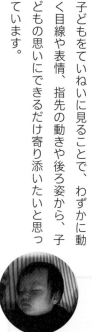

子どもをよく見る思いに寄り添う

子どもを理解するためのエピソードや材料は、毎日いたるところにあります。大人はつい、忙しさや自分の都合を優先して、トラブルがないよう、手間がかからないようものごとを進めてしまいがちですが、たとえば、子どもが他の子をぶったりひっかいたりするとき、その行為だけを見るのではなく、子どものことをよく見て、言葉にならなかった思いに寄り添い、代弁することが大切です。

子どもをほんとうによく見ていれば、子どもへのことばかけやタイミングは全く違ってくるはずですし、そういう保育者と毎日を過ごしていると、子どもの保育者に対する信頼感はとても深くなります。毎日リラックスして、安心して過ごす中で、子どもたちはどんどん興味を広げていきます。

保育では、予想外のできごとが多々ありますが、どんなときもそのことは「この子にとってどうなのか」と、子どもの思いに寄り添っていけば、多くの場合、子どもの成長にプラスにつながっていくように思います。

「困ったこと」を起こさないようにするのではなく、起こったことに真摯に向き合い、それをエピソードとして記録し、共有し、振り返っていくことが、子どもを理解する力を高めていくと考えています。

毎月のお便りセット。子どもをよく観察して、さまざまな形で発信することで、保護者からは「育児情報をあまり検索しなくなった」の声も。「わが子のことはここに聞けばだいじょうぶ」と思ってもらえる場所でありたいと思っている。

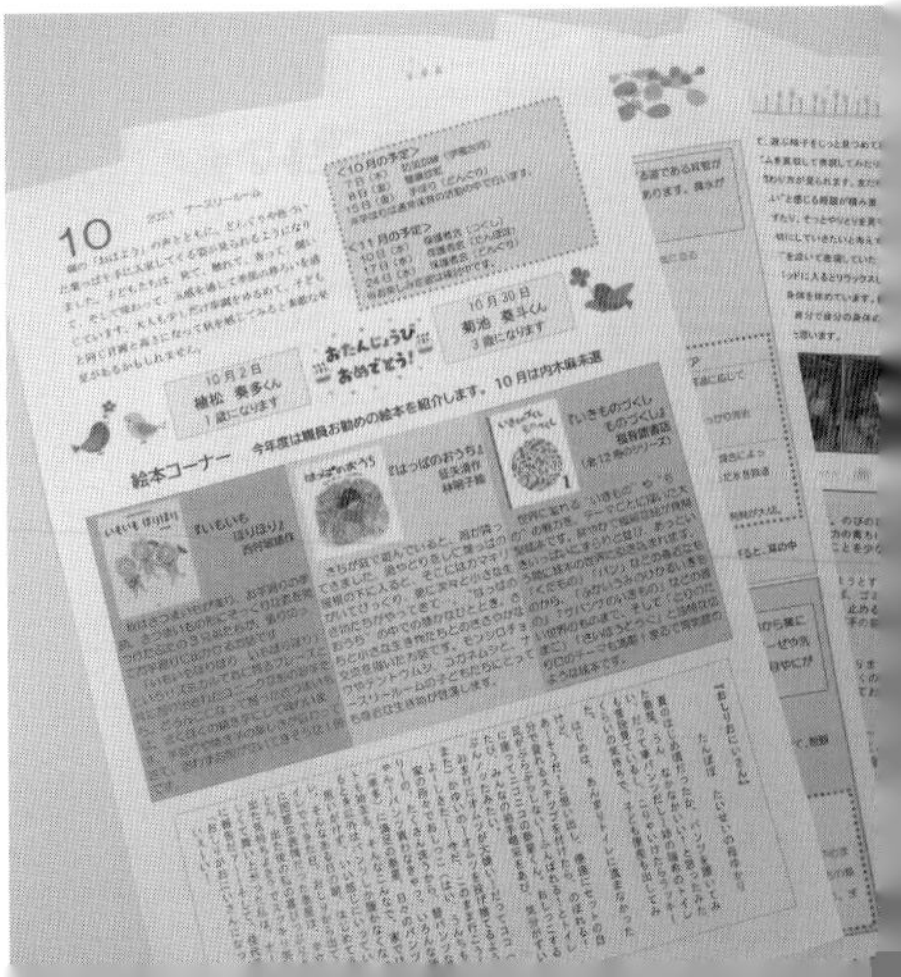

汐見先生と

工藤先生

TALK

ナースリールームが、これまでエピソード記録を大切にしてきた一番大きな理由はどういったことでしょうか？

工藤　一日の振り返りや記録には、保育者の主観や思い込み、決めつけが入り込みやすいので、わたしたちはエピソードを大切にします。エピソードには、自分の思いを入れ込むのではなく、まずはこういうことがあったという事実だけを書き、それについて自分がどう感じたか、考えたか、という「考察」を分けて書きます。

　さらにそのエピソードをみんなで共有し、語り合っていく中で、自分では気づかなかった見方や別の関わり方、別の可能性などに気づくことができるので、自分の保育の振り返りや子どもの見方を、さらに深めたり広げたりすることができるようになっていきます。

汐見　わたしたちは普段子どもに対する驚きや発見、共感、あるいは疑問などを、自分の枠組みの中で理解しようとします。枠組みというのは、たとえば自分が勉強してきた心理学や子どもの発達、自分の知っているその子の家庭環境といったもの。つまり、ある種の色眼鏡をかけて子どもを見るわけです。なぜなら無色透明の眼鏡では、やはりほんとうの子どもの姿が見えてこないから。

　でも、自分の色眼鏡で見た子どもの姿も、それがほんとうの姿だとは限らない。ということでエピソード（事実）の記述と「わたしはこう思う」ということを、分けて書いているわけですね。

工藤　そうです。たとえば「子どもがこういうことをしていたので様子を見た」ということなら、「この子は今こういうことを考えているのではないかと読み取ったので、私は見守ることにした」というふうに「考察」の欄に書きます。

子どもと一緒に「今」を生きること

汐見　54ページに出てきたエピソードは、若い保育者が自分の見通しで子どもの行動を決めるのではなく、子どもの意思を尊重して一緒に「今」を生きることの大切さに気づいた、というものでした。保育が保育者主導にならないよう、自分の立てた見通しはシャットダウンして、「今」を充実させねば、というのはすばらしいけれど、それを保育者全員に求めるのは相当難しいのではないかなあ、と思いながら読んだのですが（笑）

工藤　難しいけれど、それを求めることのおもしろさみたいなものもあります。

保育者は経験が豊富になると見通しがもてるようになり、トラブルも未然に防げるようになって、子どもは落ち着いて、一見まとまっているように見えます。反対に経験のない保育者はあまり見通しがきかないため、想定外のことが次々に起こります。しかし一見ハチャメチャなクラスの中で、大好きな先生が困っているのを見た子どもたちには、いろいろな思いや行動が生まれ、そこにベテランにはできない、ほんとうにおもしろい保育が展開することもあります。

「今を生きること」と「見通しをもつこと」、**この二つの軸をもっと自由に行き来できるようになると、子どもの思いをつぶすことなく、子どもと一緒に今を生きることができる**んじゃないかな、と思うんです。

汐見　それは大切な視点ですね。スポーツの世界などでは、「結果を出す」という言い方をします。途中で何があったにせよ、よい結果を出すことによって、それまでの行動も肯定される、という考え方です。この論理が保育に入ってくると、保育はほんとうに窮屈なものになってしまいます。

子どもはいつもおもしろいことや大人がびっくりすること、成長を感じさせるようなことをしてくれるわけではありません。しかし**保育者の仕事は、子どもの思いに共鳴しながら、その子がその子らしく、今を楽しんで生きているという状況を作り出すこと。**何も特別なことはしていないけれど、結果ではなく、今を楽しんで生きていることに価値を置くことを意識していきたいですね。

事実だけを客観的に書く、ということのほかに、大切にしていることがありますか。

工藤　必ずテーマ（題名）を付けることです。同じ一つのできごとを書いても、テーマが違えば切り口も考察も全く違ってきます。そのエピソードを書こうと思った時点で、その保育者の心に引っかかった何かが必ずあるはずです。それをはっきり打ち出してからエピソードを書き、そのテーマを分析していきます。

汐見　僕も「エピソードのポイントを一言で表すような見出しを必ず付けてください」と言っているのですが、工藤さんはどうしてテーマを付けることが大切だと思うのですか？

工藤　あれもこれもと欲張らずに**テーマを付けると、一つの切り口から一つのできごとを見て、深く考察することができる**からです。

汐見　実際に保育者の頭の中に残っている全体像を言語化しようとしたら、それは非常に長いものになってしまうだろうし、そもそも子どもは一つのテーマに沿って行動しているわけではありません。だから、エピソードを書くときにはやはり「絞る」という行為がとても大切ですね。

　書きたいことを「絞る」というのは、ある時間帯に起こった一連のことがらのトピックを限定化して、そこにテーマを与えるということ。これを続けていくことで、エピソードを書く力だけでなく、子どもを観察する力がついてくる。ひいては保育の姿勢や日々の実践、つまりアセスメントにつながっていくと思うんです。

工藤　そうですね。振り返りというのは、保育の中の一つの義務のようなイメージがありますが、実はけっこう楽しいことだと思っています。特に自分に何か一つ課題を課したりすると、見えてくるものがたくさんあると思います。

楽しいからこそ続いていく

汐見　エピソードを書いたり、語り合ったりあるいは見てしまった者の責任として、エピソードを伝えたいという思いがあります。初めはうまく書けないけれど、ベテランの保育者と組んで、その保育者の書くエピソードを見ていく中で子どもを見る視点が育っていくと、書くのに悩むということは減っていくようです。

今は手軽に写真が撮れるので、ちょっとした表情や手の動きなども見逃さず、しかも記録に残せるようになってきました。エピソードが、保育者にとってさまざまな学びの機会を提供してくれていると思います。

汐見　保育というのは、単に惰性でやり続けることではありません。そこでの「その行為にどういう意味があるのかということを浮かび上がらせない限り、本当の意味で保育しているということにはならない**と思っています。

エピソードを記録する、語り合うというのは、保育にとっては不可欠の営みなんだと、改めて確認できた気がします。

することがとても楽しい営みだという認識にならないと、続いていきませんよね。ところで、2歳児と比べて0歳児のエピソードは書きにくいですか？

工藤　初めて0歳児の担当になった保育者は、初めのうちは苦労しています。でも1か月くらいたって、子どもを深くていねいに見られるようになってくると、特別なできごとが起こらなくても、視線や表情、指の動きなどにもその子の気持ちとか意志とか思いが感じられるようになる。すると書けないどころか、ものすごい勢いでいろいろなことを吸収している0歳児の一日には、書かなきゃいけないこと、書きたいことがいっぱいありすぎて、どれを取り上げようかと迷うくらいになっていきます。

汐見　そのとおりですね。実はいいエピソードが出てくるのは、ほとんど0・1・2歳児なんです。ずーっと飛び回っている3・4・5歳児は逆に書きにくい（笑）

工藤　わたしたちには本来、保護者がそばにいたら見るであろう瞬間、瞬間を見ている、

レポート **2**

RISSHO KID'S きらり岡本

【東京都世田谷区】

0～5歳児まで定員92名。小学校教諭10年、幼稚園教諭2年のキャリアをもつ園長が、2012年にRISSHO KID'S 相模大野を開園。2020年開園のきらり岡本は4園目になる。

子どもの「つぶやき」に
注目したことで、
保育者の経験やセンスに
頼らない子ども観察と保育、
記録を実践しているんですね！

汐見先生

RISSHO KID'S
きらり岡本 園長
坂本喜一郎先生

RISSHO KID'S
きらり岡本 副主任
石田千尋《ちひろ》先生

「保育の質」と「組織力」の両輪で進んでいく

きらりの保育理念は「一人の夢がみんなの夢になる、一人の幸せがみんなの幸せになる」。子どものやりたい気持ちをとことん応援して、自分らしく生きることを大切にしている。

一人の夢がみんなの夢に……

きらりは系列のどの園も、極めて職員の年齢が若いのが特徴です。きらり岡本の保育者の平均勤務年数は4年弱。それでも保育が成り立つのは組織力があるからです。

いくら経験豊富な職員が大勢いても、組織力がなければ分裂したり派閥ができたりして、一体感が失われてしまうこともあります。組織が機能していくために大切なのは、管理者が哲学をもっていること。高い専門性だけでなく、それをどう使うかが哲学です。

きらりが大切にしているのは、「一人の夢がみんなの夢になる、一人の幸せがみんなの幸せになる」という保育理念。子どもの夢をかなえるだけでなく、保育者も夢をもち、みんなが幸せになれるよう応援し合っています。

自分らしく、人間らしく

きらりのキーワードは、「自分らしく、人間らしく」。園での6年間を通して、自分らしさってなんだ？　自分らしく生きるってどういうこと？　という意識が子どもたちの身体と心に培われることが重要だと思っています。それが、一生の土台になるからです。

わたしたちは朝の会と帰りの会を除いて「みんなと同じこと」はしません。大人がカリキュラムを用意するのではなく、子どもたちがやりたいことをどんどん追求し、増やしていく。そして気がついたらこんなにたくさんの経験をしていたね、というやり方です。

大人に与えられた経験をどんなにたくさんこなしたところで、子どもの中に残るものはほんのわずかしかないと思うからです。

子どもの「つぶやき」から始まる保育

夢をかなえる保育室。思わずやりたくなる環境デザインを大切にしている。

経験やセンスに頼らない観察

質の高い保育の基本は、「子ども観察」です。しかし、どんなによく見たところで、それはしょせん保育者の主観。経験やセンスのない人がいくらがんばっても、必ずしも子どもの思いをくみ取ることはできません。

主観に頼らない方法は何かと考えたとき、つぶやきに気づきました。疲れて家に帰り、ソファにどさっと座るとき、わたしたちは「疲れたー」とつぶやきます。これは究極の本音。しかも他者の主観が入る余地はありません。

子どもたちも、毎日いろいろなことをつぶやきます。0・1歳児だって、表情や視線、声や指先でつぶやきます。ならば主観ではなく、この素直なつぶやきを手がかりにして保育をしてみよう、と考えるようになったのです。

自分たちの家がほしい！

シンデレラになりたい～ガラスの靴～

目指せ、羽田空港。サイクリング

カマキリになりたい

自分のやりたいことをする

基本的には家と同じように、きらりでは自分のやりたいことを、やりたいことができる場所に行ってやる、というシステムです。

部屋でものを作る、園庭で遊ぶ、シャワーで汗を流す、ロフトでくつろぐというように、自分のいる場所は子ども自身が決めます。

クラス全員が集合する幼児の朝の会では、「水遊びがしたい」「セミ取りに行きたい」など、今日自分がやりたいことを伝え合います。日頃よく行く公園は約3か所ですが、クラス同士が連携しているので、◯◯公園に行きたい子は、△△組に合流するなどして、クラスの枠を超えて、自分の行きたい場所でやりたいことをします。

帰りの会は「今日はこんなおもしろいことをやった」と、言いたいことを伝え合う時間です。

「つぶやき」を拾ってデザインする週案

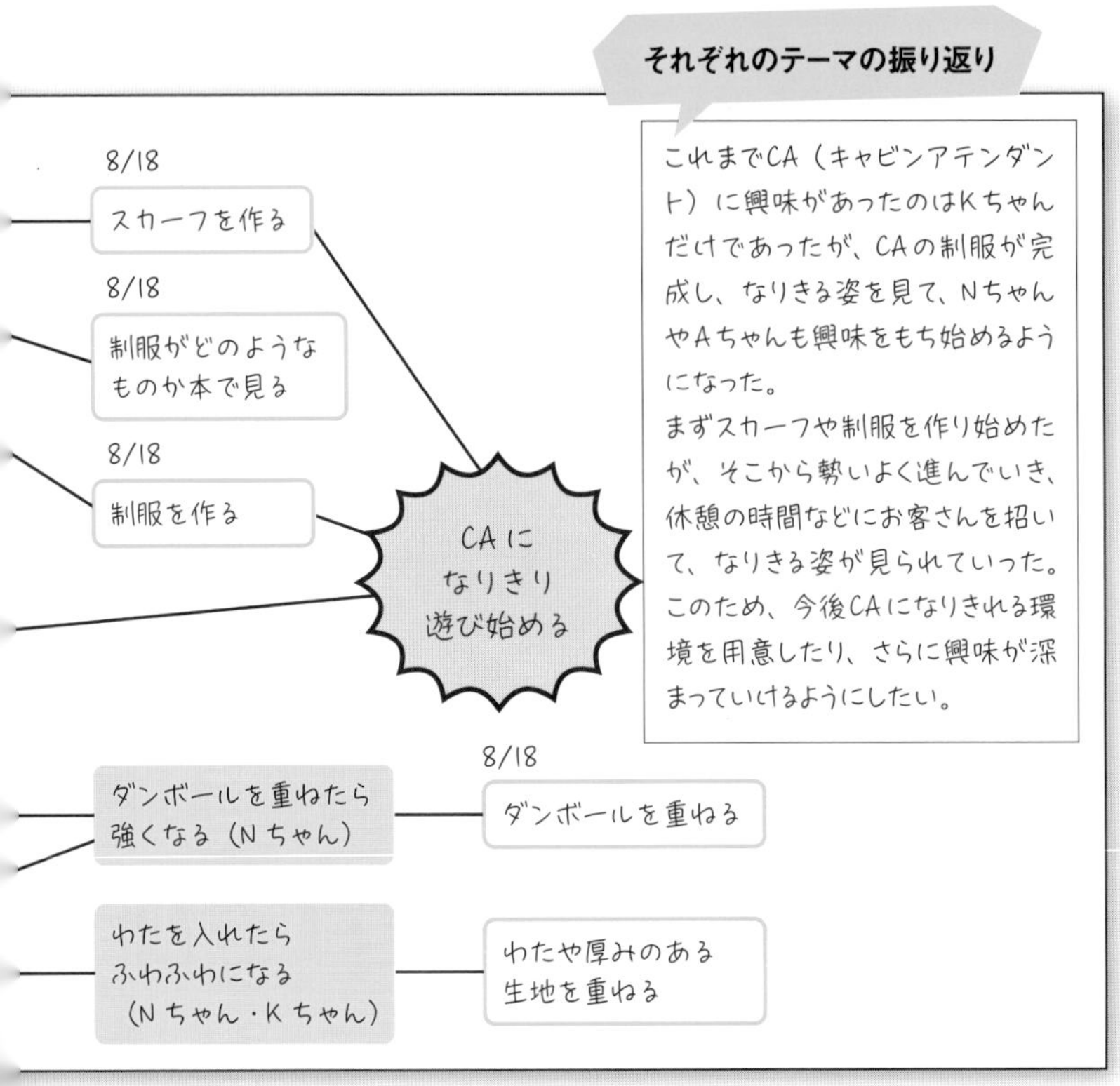
それぞれのテーマの振り返り
これまでCA（キャビンアテンダント）に興味があったのはKちゃんだけであったが、CAの制服が完成し、なりきる姿を見て、NちゃんやAちゃんも興味をもち始めるようになった。
まずスカーフや制服を作り始めたが、そこから勢いよく進んでいき、休憩の時間などにお客さんを招いて、なりきる姿が見られていった。このため、今後CAになりきれる環境を用意したり、さらに興味が深まっていけるようにしたい。
8/18
スカーフを作る
8/18
制服がどのようなものか本で見る
8/18
制服を作る
CAになりきり遊び始める
ダンボールを重ねたら強くなる（Nちゃん）
8/18
ダンボールを重ねる
わたを入れたらふわふわになる（Nちゃん・Kちゃん）
わたや厚みのある生地を重ねる

※子どもたちの名前はここではアルファベットに置き換えています

保育をデザインするマップ

週案には、ねらい、内容、援助、それぞれの生活のこと、個別の対応、日々の日誌も書かれていますが、それらを視覚化したもの（週案の一部）が、保育デザインマップです。

テーマ（左端）になっているのは、そのときのメジャーなコーナー名。そこでどんなつぶやきが生まれ、それが1週間でどんなふうに高まったかがわかるようになっています。

ピンクの付せん　が子どものつぶやき、黄色の付せん　は予想される子どもの姿、青の付せん　が特徴的な環境デザインです。

付せんにした理由は、つぶやきも計画もどんどん継ぎ足していけるから。こうして1週間を積み上げ、最後の枠で、それぞれのテーマの振り返りをします。

保育デザインマップ（3歳）

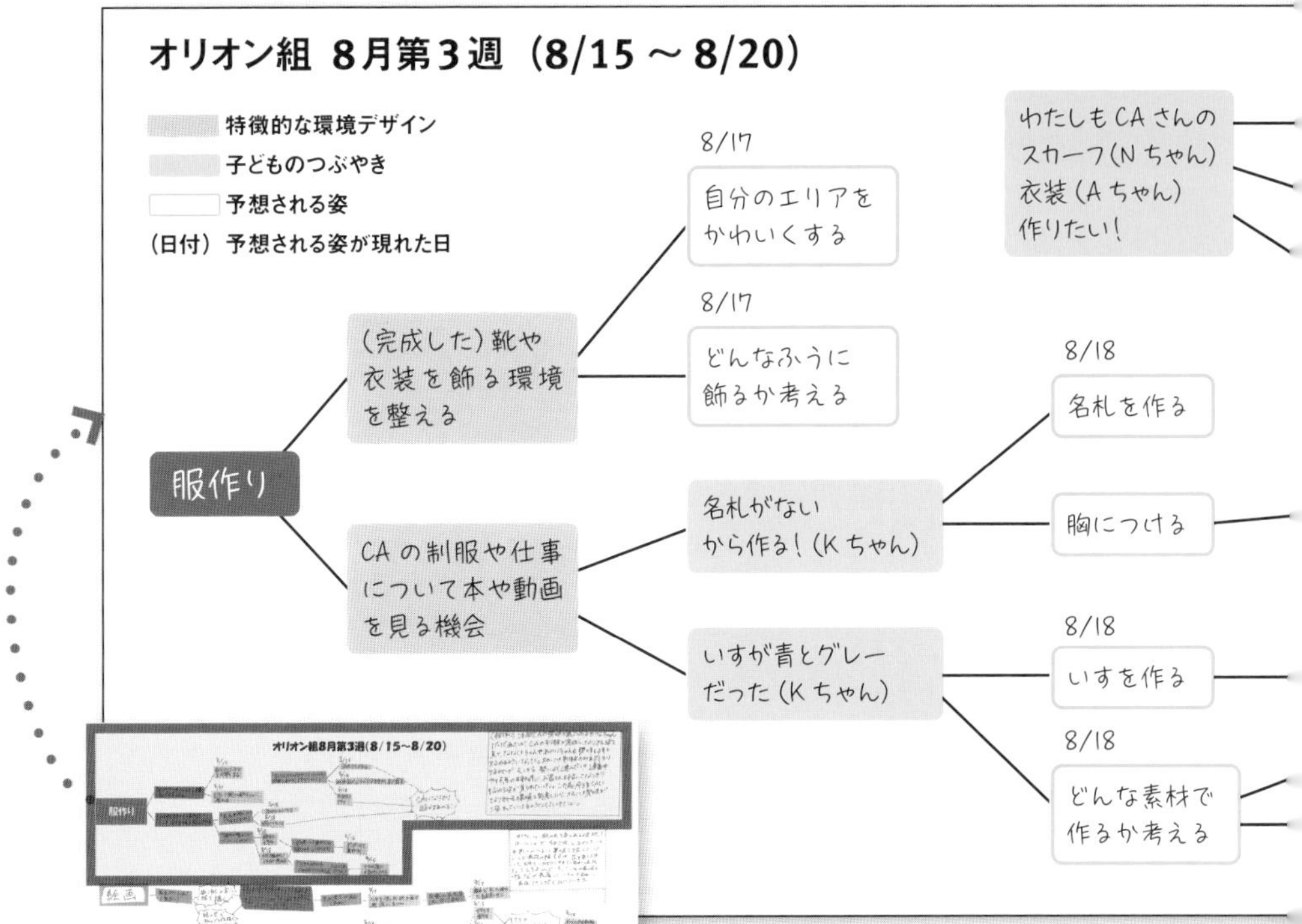
オリオン組 8月第3週（8/15～8/20）
特徴的な環境デザイン
子どものつぶやき
予想される姿
（日付）予想される姿が現れた日
服作り
（完成した）靴や衣装を飾る環境を整える
8/17
自分のエリアをかわいくする
8/17
どんなふうに飾るか考える
CAの制服や仕事について本や動画を見る機会
名札がないから作る！（Kちゃん）
8/18
名札を作る
胸につける
いすが青とグレーだった（Kちゃん）
8/18
いすを作る
8/18
どんな素材で作るか考える
わたしもCAさんのスカーフ（Nちゃん）衣装（Aちゃん）作りたい！

オリオン組8月第3週（8/15～8/20）
服作り
生き物
お店屋さん

予想される姿は多いほうがいい

黄色の付せん□（予想される子どもの姿）の上に日付が書いてあるのは、その姿が現れた日。その姿が見られなかったものには、日付がありません。予想される姿が一つしかないと、保育者が誘導的になってしまうため、予想はできるだけ多いほうがいいのです。

保育は、つぶやき→子どもの姿→つぶやき→子どもの姿……と進んでいきますが、こんなつぶやきが出たから、こういう姿も見られるのではないか？　と先を見通しながら、1週間の保育を作り上げていきます。

このマップは二人の保育者で作っていますが、細かくきっちり書く人、ダイナミックに直感的にやる人など、作り方は人それぞれ。それがまた保育の味になっていると思います。

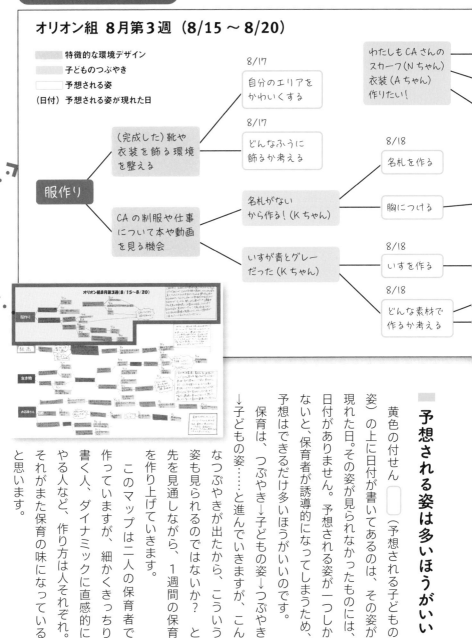

0・1・2歳児 個と広がりを見るマインドマップ

保育マインドマップ（0歳）抜粋　（5/9〜5/27）

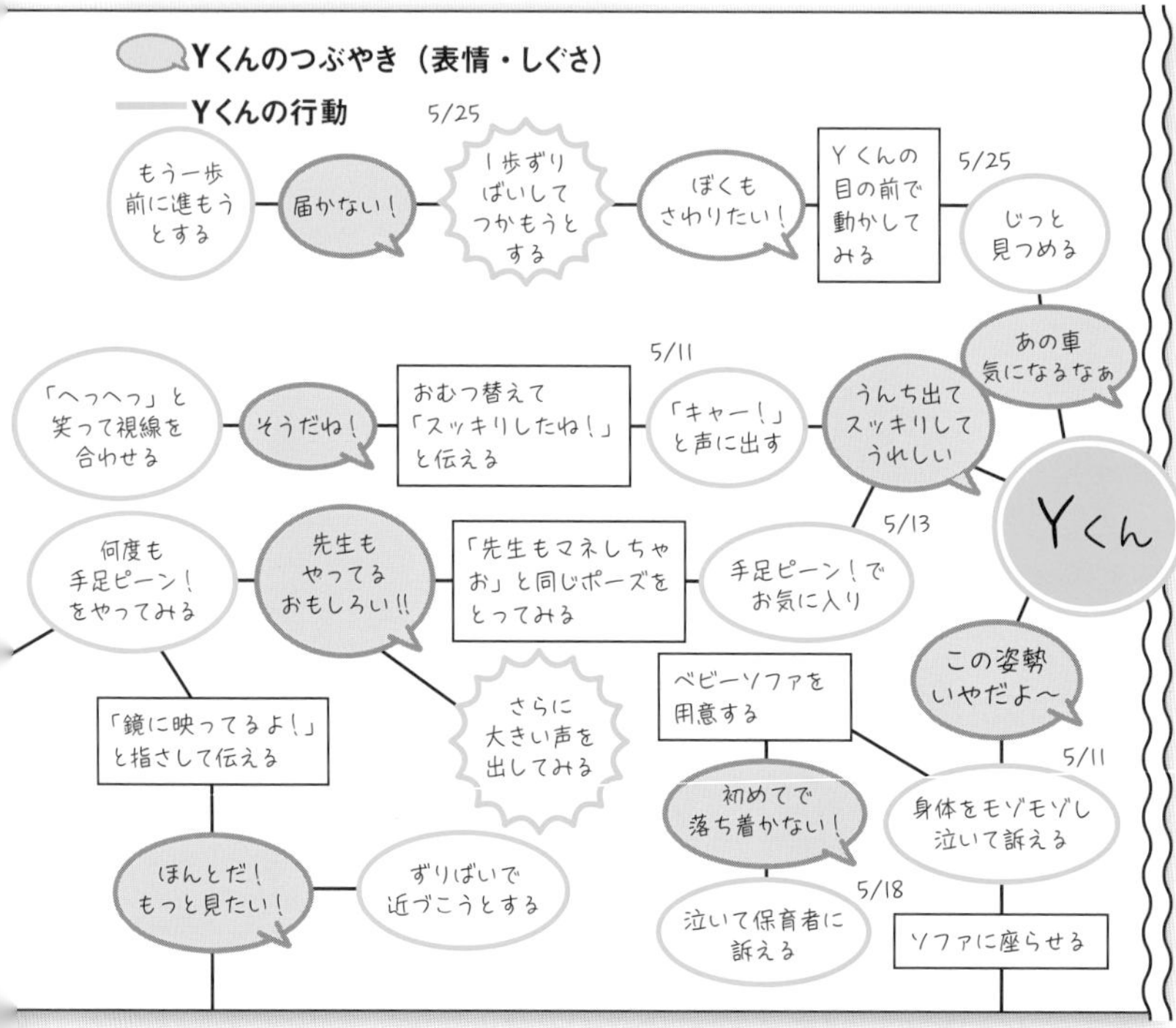

Yくんのつぶやき（表情・しぐさ）
Yくんの行動
Yくん
5/13
手足ピーン！でお気に入り
「先生もマネしちゃお」と同じポーズをとってみる
先生もやってるおもしろい!!
何度も手足ピーン！をやってみる
「鏡に映ってるよ！」と指さして伝える
ほんとだ！もっと見たい！
ずりばいで近づこうとする
さらに大きい声を出してみる
5/11
うんち出てスッキリしてうれしい
「キャー！」と声に出す
おむつ替えて「スッキリしたね！」と伝える
そうだね！
「へっへっ」と笑って視線を合わせる
あの車気になるなぁ
5/25
じっと見つめる
Yくんの目の前で動かしてみる
ぼくもさわりたい！
1歩ずりばいしてつかもうとする
5/25
届かない！
もう一歩前に進もうとする
この姿勢いやだよ〜
5/11
身体をモゾモゾし泣いて訴える
ベビーソファを用意する
初めてで落ち着かない！
5/18
泣いて保育者に訴える
ソファに座らせる

究極の個で見る0歳児

3・4・5歳児のデザインマップに対して、0・1・2歳児では、広がりを表すマインドマップというウェブ図を使っています。0・1・2歳児で大切なのは、広がりや多様性。幼児で大切なのは積み重ねだと思っているので、同じ表現はできません。

0歳児は究極の個で見ているので、子どもの名前（Yくん）からすべては広がっていきます。その子がどういうふうに興味を広げていくのか、担当の保育者がつぶやきを拾い、環境につなげていきます。マップには生活習慣のことも出てくるし、遊びも出てきます。

担当以外の保育者と一緒に書きながら、「そういう援助もいいね」とつけ足したり、ミーティングやケース会議にも活用しています。

保育マインドマップ（1・2歳）部分　(5/16〜6/24)

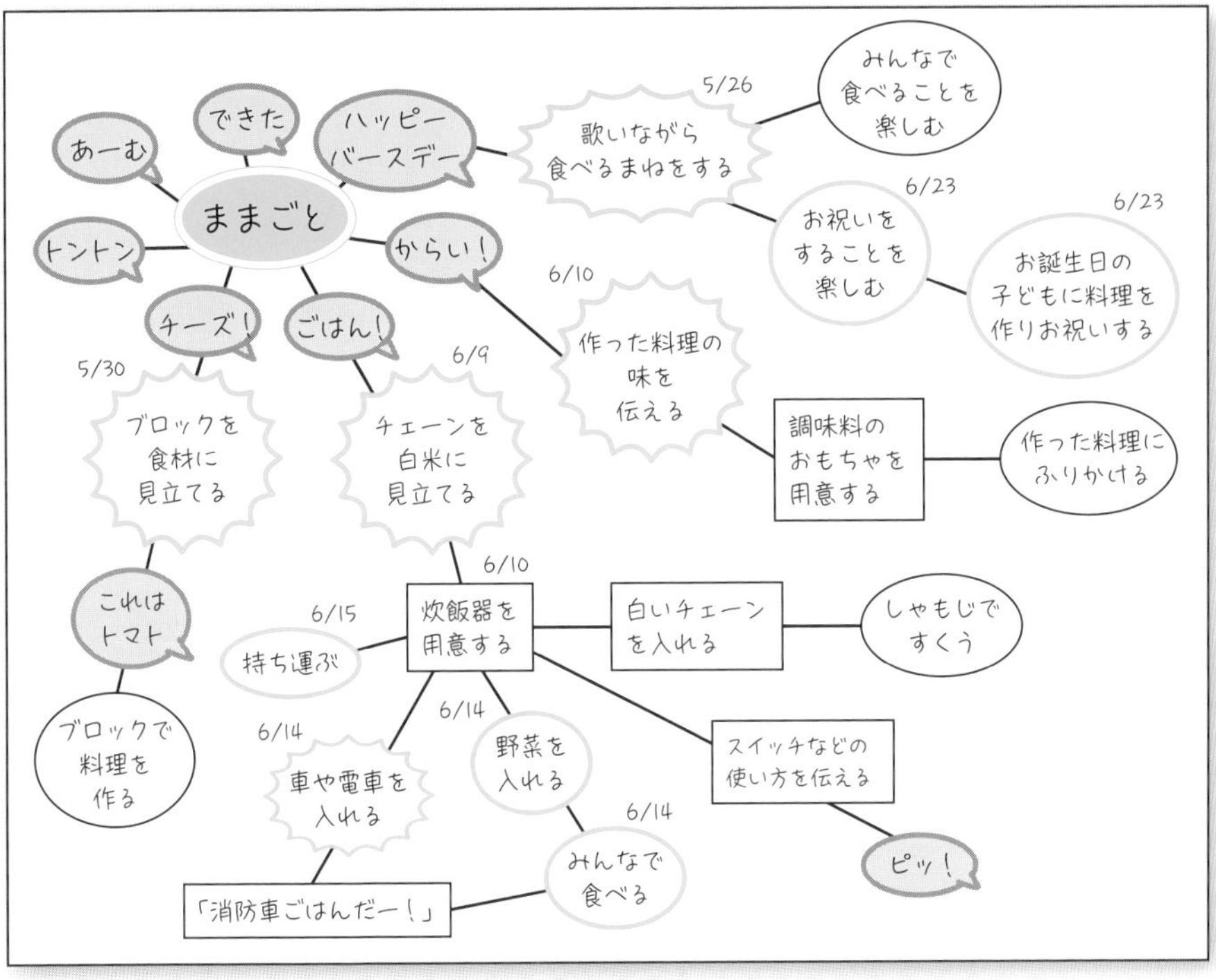

1・2歳児の遊びの広がり

1・2歳児は、子ども同士の関係性や遊びの広がりも豊かになってくる時期。個を大切にするのはもちろんですが、個別の記録や計画だけでは十分ではなく、おもしろみもありません。

そこで1・2歳児では、生活の様子は個別に文章で記録し、ウェブ図では、「造形」「おままごと」「自然」などをテーマに、遊びに特化しています。遊びの広がりやダイナミックなつながりをひと目で把握することができます。

これも子どものつぶやき→子どもの姿→つぶやき……と進んでいきますが、予想外のつぶやきを大切にするのがきらりの方針。

子どもを外部から観察するのではなく、一瞬子どもになって考えると、固定観念が外れて可能性が大きく広がっていきます。

きらり成長記録

RISSHO KID'S きらり

作成日：令和４年　8月　25日					
園児名	×××　××	生年月日	令和　3年　9月　13日生	月　齢	0歳　11ヶ月
ねらい	・食具を用いて自ら食材を口に運ぶことに意欲を持つ。 ・"どうぞ" のやり取りを通して保育者や他児と関わることを楽しむ。 ・水や氷、ゼリー等の夏ならではの感触遊びを楽しむ。				

先生やお友達との食事の時間を楽しむ中で、食具を使うことや手づかみで食べることへの意欲が高まってきています。そのため、いつでも手に取れる場所にスプーンを置く等して、自分で食べたい気持ちを応援していきました!

いただきますの挨拶をすると、早速スプーンを手に取ってみた××ちゃん♪先生やお友達がスプーンを使っている姿を見て口に入れるものだとわかったようで、お皿に近づけたり、口に入れてみたりする姿がありました。そのため、先生が「××ちゃんもあむあむだね」と伝えて、スプーンを一緒に持ち、ご飯を掬って口に運んでみると、食べられたことが嬉しかったようで「あー!」と声に出して伝えてくれる姿が☆さらに、先生とのやり取りを繰り返す中で"こうすれば食べられるのかな?"と感じたようで、一口食べる毎に先生にスプーンを手渡ししてくれる姿も!自分だけの力でごはんを掬い、口に運ぼうと挑戦する様子も見られており、先生が「食べられたね!」と伝えると達成感を拍手で伝えてくれました♪

先生やお友だちと遊びの空間を共にしたり、楽しい気持ちを分かち合ったりする中で、玩具を"どうぞ"してあげたい気持ちが生まれてきた様子が見られています。そのため、××ちゃんの関わりたい気持ちを大切に、「貸してね」や「ありがとう」等の言葉や身振り手振りで伝えていきました。

お友だちが先生に「あい」と言って玩具を渡す様子を傍らでじっと見つめていた××ちゃん。そこで先生が「××ちゃんどうぞ!」と言って玩具を渡してみると、貰えた嬉しさを笑顔で伝えてくれる姿が！また、"私もやってみたい"と感じたようで、先生に「ん!」と玩具を差し出してくれる姿も♪「嬉しい！ありがとう!」と伝えると、受け取ってもらえたことが嬉しかったのか"これもあげる!"というように他の玩具を渡したり、近くに居た別の先生にもどうぞしてあげたりする姿も見られました☆

ポートフォリオ

園からの発信も、親からの返信も、互いの保育のヒントになる。家族を巻き込みながら計画と記録を積み重ねていくことで、保育の質が担保されていく。

6年間積み上げていくポートフォリオの記録

ポートフォリオって何？

卒園時に保護者に渡すポートフォリオのファイルは、それを理由にきらりを選ぶ人がいるほど人気です。ありがたいことですが、ポートフォリオは一番だいじにしている書類であり、単なる保護者サービスではありません。

園には通常、大きく分けて児童票、保育記録、保育報告の3種類の記録があります。監査のため、クラスのため、そして保護者のために作られるほとんど同じ内容の、しかし違った形式の記録です。

内容が同じなら、一つにまとめればいい。つまり児童票としても通用する、保育記録であり保育報告でもある新しい書類を1枚作ればいいのではないかということで、ポートフォリオを作るに至りました。

配信用のオリジナルアプリ「ライブキッズ」

各クラスに支給されているスマートフォンから、子どもの活動をタイムリーにアップすることができる。

保育者は、常に待ち構えて写真を撮っているわけではない。たくさん撮っているうちに、撮りたい写真がいつ撮れるかというタイミングがわかってくる。

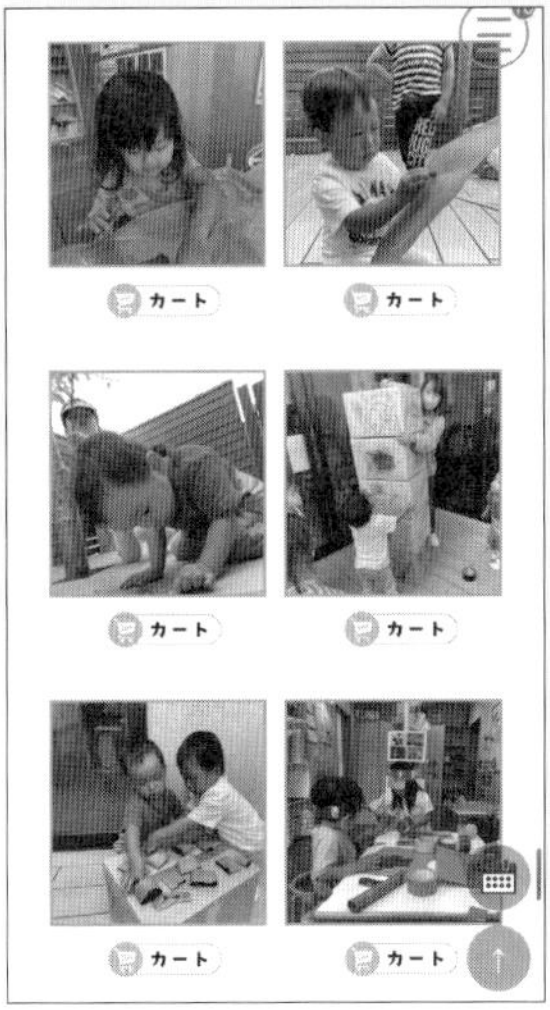

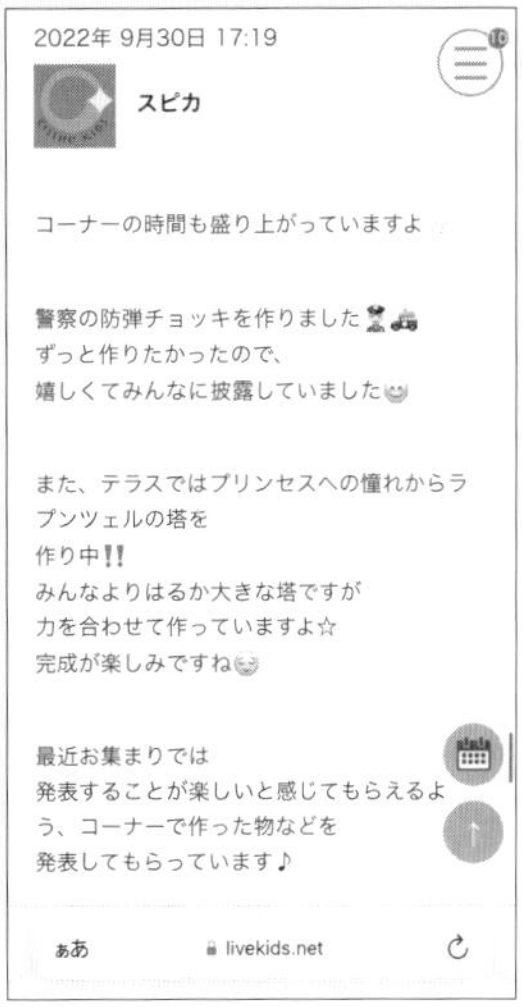

計画と記録は連動している

ポートフォリオには「ねらい」や子どもの姿と保育者の関わり、そして振り返りを記録し、さらに子どもの成長や魅力、その可能性をもっとダイレクトに伝えることのできる写真が入っています。

監査のための書き方のルールはありますが、その内容は問いません。何を取り上げるか、どんな写真を選ぶか、紙面のデザインをどうするかは、担任の個性です。

これは、子どものつぶやきを拾ってデザインしていくデザインマップの結果としての記録です。保育報告として期ごとに保護者に渡し、返信をもらいます。そしてこれをもとに、家族を巻き込みながらまた次の計画を作っていきます。記録と計画はいつも連動しているのです。

きらりが子どものつぶやきから保育を展開しよう、と思ったきっかけはなんだったのですか。

坂本　30年ほど前、わたしは母校の玉川学園で小学校の教員をしていました。幼保小連携の研究が始まった時期で、ちょうど1年生を担任しており、隣接する幼稚部と交流を始めたんです。

　その頃のわたしは、いかに教材研究をし、上手に教え、子どもたちをノリノリで授業に参加させ、「坂本先生は楽しい」と言ってもらえるかを目指す、絵に描いたような教師でした。わたしだけでなく教員の多くは、「子どものために何かやってあげなくては」と本気で思っています。しかし、幼稚部の子どもに接するようになって、その根本を問い直されている気がしました。

汐見　教育とは何か、ということを改めて考えさせられたのですね。

坂本　幼稚部の子どもたちを見ていると、いかに上手に教えるかではなく、一人ひとりの子どもが自分らしく、人間らしく輝いて生きていること、そして、その子らしく育っていくことこそが一番大切なんじゃないかと思えてきました。教育とは何か？　という問いにもし答えがあるとしたら、それは子どもの中にあるのではないかと感じたんです。

汐見　それで幼児教育に転身したのですか？

坂本　母が保育園の園長をしていたので、10年間の教員生活のあと、そこで副園長を務めることになりました。わたし自身、小学校から玉川学園育ちで、同学園の創立者・小原國芳のモットー「大きな夢をもとう」や、自分はどう生き、何をしたいのかを追求しようということを仕込まれましたから、そんな要素をぜひ保育にも取り入れたいと思っていました。

　自分の「やりたい」や「こうなりたい」というベースがなければ、主体性は生まれないし、生きることを楽しむこともできないんじゃないかと思うからです。

　とはいえ、園長の母は寺の娘で、とにかくまっすぐな人。人として尊敬していますが、なかなか自分の思うようにはいきませんでした。

汐見　それでそういう課題をもって、ご自身の園を作られたわけですね。

坂本　はい。２０１２年にきらりの１園目を相模原に開園して、「子どものつぶやき」をみんなで楽しもうという保育を始めました。

「つぶやき」を拾うのはもっと子どもを感じるため

坂本　職員に伝えているのは、**どうしたら子どもと一緒に生きることを楽しみ、喜び合えるパートナーになれるかを考えるということ。**そのために「観察」はもちろん大切ですが、そこにはどうしても保育者の主観が入り込みます。だから、子どもの口からポロッと出てくるつぶやきに注目して、おもしろがっていこうと決めたのです。

汐見　主観を排除して他者を理解することはできません。だから、主観というものを特に大きな問題にはせず、しかし、できるだけ子どもの目線で子どもを理解しようとしてきたのですね。保育者の中にはもちろん、非常におもしろいチャレンジや関係作りができる人もいます。しかし、みんながそういう名人芸をやることはできません。

だからこそ、**子どもの口からポロッとこぼれる素直なつぶやきを捕まえて、そこから保育を組み立てていこうというおもしろい試み**ですよね。

坂本　つぶやきは、「思わずポロッとこぼれる」というところがポイントです。わたしは教員時代に散々「話し合い」をやってきたので、意見とか、みんなで出した結論というのに対して、ちょっと懐疑的なんです。

大人も同じですが、会議とか話し合いは、一見対等にやっているようで、実は目に見えないパワーバランスが働いています。意見は全部が全部、本心だとはいえないし、だから「みんなで決めた」というのもほんとうは疑わしい。発言ではなく、思わずポロッと出てくる声の中にその子の心の内があると思うんです。

意見よりも「つぶやき」がおもしろい

汐見　子どもの話し合いは、形式だけを追求していくと、非常に薄っぺらなものになってしまいます。子どもは保育者の性格も感情も本当によく把握して、いろいろ考えながら行動していますから、常に本心を言っているわけではありません。保育者は、決して子どもの本心を否定しないで、大切にしていかなければなりませんね。

　子どもを観察していると、「なんでこんなものに興味をもつの?」とか「どうしてこんなおもしろいものに興味を示さないの?」とか、いろいろな思いが湧いてきます。でもそういう先入観や主観を切り離して、子どものつぶやきをおもしろがれるかどうか、ということも、保育者に求められる資質というわけですね。

坂本　そうなんです。きらりでは毎日午前中は園外へ出かけますが、あるとき、一人の女の子が、列の最後尾を一緒に歩いていた実習生に「あー歩きたくない。ほんとうに疲れる。全然楽しくない」とつぶやいたそうです。実習生は、そのことばにびっくり。それでも「そうだよね。そういう日もあるよね」と共感しながら歩いていたら、そこへ遅れてきた担任が追いついてしまった。すると女の子はくるっと笑顔で振り返って、「たーのしいっ」って(笑)。これは極端な例ですが、でも保育の中にはたくさんあると思います。大好きな担任にこんなことばを聞かせたくないといった、駆け引きのようなことばにはあんまり意味がない。素直なつぶやきこそが、ともに生きることを楽しむパートナーとしての素直なメッセージだと思うんです。

汐見　おもしろいですね。子どもの「やりたくない」というつぶやきにどう応えていくかは、なかなか難しい問題かもしれませんが。

週案をやめてデザインマップへ

汐見　つぶやきから保育をデザインする場合、計画はどういうタイミングで立てるんですか?

坂本　開園当初はつぶやきをもとに、1週間の展開を予測して、きっちり週案を立てていました。変化があれば、計画はその都度修正します。でも半年ほどたった頃、職員から「週が進むにつれて、週案がどんどん真っ赤になっていく。週案を立てるのは虚しいです」という声が出ました。

汐見　最初は週案を立てなければ、というしばりがあったのですね。

坂本　確かにありました。でも新鮮でタイムリーな子どものつぶやきを大切にするのなら、1週間分の主観的な計画よりも、今日のこの子のつぶやきがどんな未来を生むのか、明日はどんな素敵なことが待っているのかという、具体的な計画のほうが有効です。ということで、金曜日にいくつかのつぶやきを吟味して週案を立て、それをベースに、日々振り返り、計画し、積み上げていくデザインマップを作ることにしたんです。

汐見　そうすると次々に新しいつぶやきも生まれてくるから、最初に予想したものとはだいぶ違った展開になることもあるんでしょうね。

坂本　職員は、自分が予想した姿が現れてくるとうれしいようですが、なかなかそうはいきません。子どもは見事に予想を裏切ってくれます。だから予想は外れてもいい。保育者が一生懸命考えた展開を上回る姿が現れたら、「さすが子ども!」と、またおもしろがればいいんです。

汐見　**子どものほうが、保育者が考えることの先を行っている。それがあるから子どもはおもしろいんです。**いつも計画どおり、思いどおりに進んでいけば、それはスムーズでいいかもしれないけれど、だんだんつまらなくなってきます。

この本で伝えたいのは、保育者の願いではなく、**子どもの思いに寄り添いながら、それを形にしていくことのおもしろさや大切さです。**そして、子どものよき伴走者であるために、**子どもを観察し、子どもの願いをうまく感じ取ることをアセスメントといっているわけです。**今日は坂本さんにそういったことを、実践から説明していただいた気がします。そして、こういう保育がもっと当たり前になっていくといいなぁと、強く思いました。

世界の保育を見てみよう 1

テ・ファリキ(ニュージーランド)

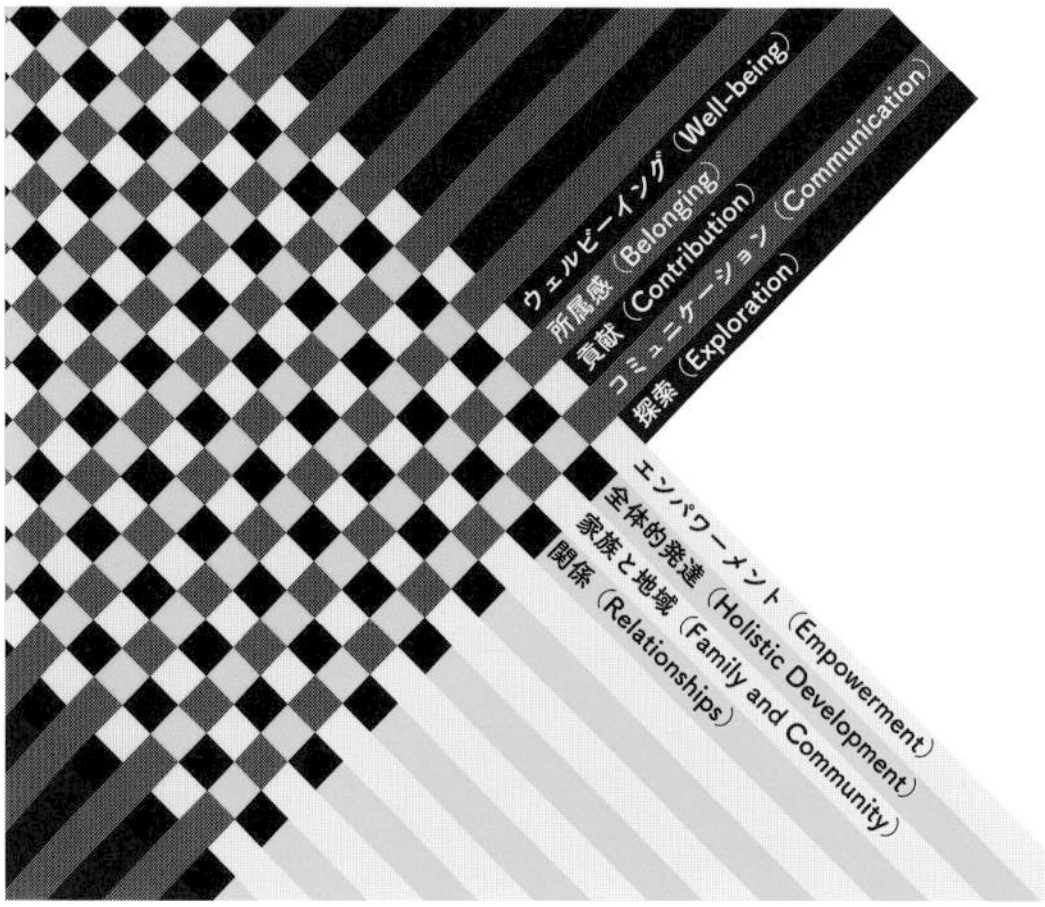
ウェルビーイング(Well-being)
所属感(Belonging)
貢献(Contribution)
コミュニケーション(Communication)
探究(Exploration)
エンパワーメント(Empowerment)
全体的発達(Holistic Development)
家族と地域(Family and Community)
関係(Relationships)

「4つの原理」と「5つの要素」が紡ぎ合わされた織物をイメージしたテ・ファリキのシンボル。

子どもを乗せるじょうぶな織物

近年世界から注目されている**テ・ファリキ**は、1996年に始まったニュージーランドの比較的新しい幼児教育カリキュラムです。

ニュージーランドは、先住のマオリ族とヨーロッパ系移民、アジア系や太平洋上の島々の人たちが暮らす島国で、先住のマオリ族とヨーロッパ系移民が培ってきた「二分化主義」に基づいて、公用語は英語とマオリ語。マオリの教育思想と、ヨーロッパの発達理論が融合したテ・ファリキも、英語とマオリ語で書かれています。

テ・ファリキが大切にしているものは、子どもたちの社会的・文化的な学びと、子どもたちが築いていくさまざまな人々との関係性。読み書きや運動など、就学前に身につけたいプログラムを定めるのではなく、子どもの学びは、友だちや周囲の大人との関係性を通して、また一人ひとりがさまざまなことを試したり、考えたりしていくプロセスを通じて実現すると考えています。

その根本にあるのは、「子どもは生まれながらに有能で、自分の学びたいことを知っている」というマオリの思想です。

保育者に求められる4つの基本原則である「4つの原理」と、子どもたちが能力を発揮するための「5つの要素」、それに保育者や家族、地域の人々などたくさんの人の手と長い時間が紡ぎ合わされることによって、子どもたちが安心して乗ることのできる、じょうぶなファリキ(マオリのことばで「紡がれた織物」の意味)ができあがる。

つまり子どもにとって望ましい学びの環境が生まれる、という願いが込められています。

4つの原理
（保育者に求められる4つの基本原則）

1 エンパワメント
子どもが力を発揮できる環境を作り出す

2 ホリスティックな発達
子どもの発達を部分ではなく包括的に見る

3 家族とコミュニティ
家族や地域社会の人々とともに保育を行う

4 関係性
子どもと人、もの、場所、時間をつなげる

5つの要素
（子どもたちが能力を発揮するための5項目）

1 ウェルビーイング
心と体が健康で幸福である

2 所属感
ありのままの自分で安心していられる

3 貢献
集団の中で自分らしい役割を発揮していく

4 コミュニケーション
自分の文化を理解し、他者の文化を尊重する

5 探索
自然や社会など、環境を積極的に探究する

ラーニングストーリーってどんなもの？

テ・ファリキの大きな特徴の一つに**ラーニングストーリー**があります。これは子どもの姿を保育者同士、また保護者と、そして子どもとも共有するための学びの記録です。

保育者は子どもが、「今、何を学びつつあるか」を見極めて文章にしていきますが、このとき大切なのが、ラーニングディスポジション（学びの傾向）です。たとえば「関心」「熱中」「困難に立ち向かう」「責任を負う」、あるいは、「他者とのコミュニケーション」など、どんなラーニングディスポジションが引き金になって、子どもを主体的な学びへと導いていくのかを観察し、記録します。

できなかったことができた、という記録ではなく、子どもが何か新しいものに興味をもって取り組み始めた、新しい学びの姿が見られたということをみんなに伝えてともに喜ぼう、というのが基本的な姿勢。「子どもは育つもの」という信頼モデルがあるからこそ、成果ではなくその過程を記録するのです。

このラーニングストーリーや子どもの写真、作品、保育者の意見や提案なども加えた**ポートフォリオ**は、いつでも見られるようにクラス内に置かれ、卒園時には小学校にも提出され、家族に手渡されます。

3～4年ごとに行われる保育内容の監査も、ラーニングストーリーやポートフォリオをしっかりチェックすることによって、保育者が子どもの学びをしっかり捉えているかどうか、などについて聞き取りを行うなど、国全体の保育の質を向上させるための保育評価の手段になっています。

レポート

3

みかり会

【兵庫県神戸市】

1952年、兵庫県内に幼児園を創設したのがはじまり。幼保連携型認定こども園や小規模保育施設などの教育・保育施設を21園（2022年時点）のほか、介護や障害者・障害児支援の施設も運営している。

観察の視点や振り返りの
視点をわかりやすく
可視化しているんですね。

汐見先生

理事長
谷村誠先生

運営専務
谷村佳奈美先生

スーパーバイザー
谷村木ノ実先生

チーフアドバイザー
藤原剛先生

子どもを「個」として尊重し、主体的な学びに

基本姿勢は「子どもも大人もまるごと受け容れる」。人を年齢のものさしで測らず、アットホームな「昼間の家庭」で、自立した一人の人間として力強く生きていくための総合的な力を培っていく。

〝好き〟が詰まったプロジェクト

みかり会では、プロジェクト型保育（90ページ参照：汐見先生が解説）を行っています。プロジェクト活動を通じて、子どもが能動的に考えて行動し、他者との関係や対話の中で学びを築いていくことを大切にしています。

プロジェクトでは、異年齢の子どもたちが一緒になって活動していきます。

プロジェクトの内容は、大人の発想で思い描くのではなく、保育者がすくい上げた子どもの好きなことや興味のあること、子どもの「やりたい！」の声から生まれます。子どもたちにはそれぞれの「好き」や「興味」があるため、プロジェクトはいつも複数が同時に進行。期間も、1週間程度で終わる短いものから、数か月に渡るものまでさまざまです。

小麦粉粘土、雑木林での自然物との触れ合い、セミの抜け殻集めなど、プロジェクトは多種多様です。姉妹園の自然豊かな園庭を見た子どもたちの「同じような園庭にしたい」という声から、園庭改造が行われたこともありました。

個別に考える

プロジェクトを通して今日の子どもの姿を大切にしつつ、その子に今後どのように育ってほしいか、保育者はどう関わるかを、発達に合わせて計画する個別カリキュラムを作成しています。あくまでも「個別」なので、年齢にもとらわれません。たとえば、4月生まれの2歳児はすぐ3歳になるので、保護者の希望も聞きながら、年度後半から幼児クラスに上がる、というような個別の対応もしています。

観察の基準を作り、保育者の視点を統一

子どもの姿を見る

保育者の仕事はまず、子どもが主体的になれる環境を用意すること。子どもが資質や能力を培うには、「させる」「教え込む」のではなく、主体的に取り組む必要があるからです。

その環境の中で、今度は子どもたちがどのような表情、ことば、動作をしているかをていねいに観察します。その姿を見ながら、「なんでだと思う?」と質問したり答えたり、共感したり一緒に試行錯誤したりという、子どもが問いを立てるための援助をする、環境の工夫や改善を行う、などに取り組みます。

ときには、子どもの姿を通して、もともと立てた教育のねらいに向かってより深い学びにつながる別の方法が見えたのなら、思い切って舵を切ることも必要です。

観察のポイントを可視化

子どもの観察を重視する中、2017年には、法人の教育と保育の理念・方針・目標に沿って、「保育指針」などの改定で示された「10の姿」を分析した一覧表を作成しました。これは、法人内に委員会を立ち上げ、約1年かけて作成したものです。

項目は全134項目。この一覧表をもとに、保育者は、保育のプロとしての視点を養い、観察のポイントを理解し、しっかりと子どもの姿を見ていくことができるようになります。「この様子は、この力が培われた瞬間」というように、子どもの姿と成長とを結びつけることもできます。

また、法人内の保育者たちの、観察の視点を統一することにも役立っています。

10の姿の分析（全134項目の一部を抜粋）

法人の保育目標	ねらい	内容、及び 経過記録
創造力を培う	気づく力を培う	様々な素材の特徴や表現の仕方に気づく（姿がみられた）
創造力を培う	五感を培う	生活や遊びの中で様々なものに触れ、音、形、色、手触りなどに気づき、感覚の働きを豊かにする（姿が見られた）
創造力を培う	五感を培う	探索活動を通して、見る、聞く、触れる、嗅ぐ、味わうなどの感覚の働きを豊かにする（姿が見られた）
創造力を培う	五感を培う	水、砂、土、紙、粘土など様々な素材に触れて楽しむ（姿が見られた）
創造力を培う	五感を培う	生活の中で様々な音、形、色、手触り、動き、味、香りなどに気づいたり、感じたりして楽しむ（姿が見られた）
創造力を培う	五感を培う	体験を通して、自然の変化などを感じとる（姿がみられた）
創造力を培う	創造力を培う	新しい考えを生み出す（姿がみられた）
創造力を培う	創造力を培う	情報を活用しようとする（姿がみられた）
創造力を培う	表現力を培う	生活や遊びの中で、興味のあることや経験したことなどを自分なりに表現する(姿が見られた）
創造力を培う	表現力を培う	いろいろな体験を通じてイメージや言葉を豊かにする（姿が見られた）
創造力を培う	表現力を培う	経験したことや考えたことを身体で表現する（姿がみられた）
創造力を培う	表現力を培う	感じたことや考えたことを自ら表現する（姿がみられた）

0歳児は、同じ空間にいるという参加の仕方。

子どもの主体性を尊重するために、サークルタイム開始の号令はかけない。遊び続けるのも、遊びながら耳だけ参加するのもOKで、子ども自身が決める。

サークルタイムで振り返り

保育が始まる前と後には、子どもたちが輪になって話し合うサークルタイムを行っています。特に重視するのは、その日の振り返りを中心に話す、活動後の時間です。

保育者は、一参加者または共同作業者として加わります。何かを教え込むようなことはせず、質問したり、「こう思うけど、どうかな？」とアプローチをしたりするような関わり方が基本です。

子どもは、話すことで考えが深まり、自分が何をしたいのか、どうするのかが明確になります。友だちの活動を知って、「明日はそれをやる！」と関心が広がることも。ここから新しいプロジェクトが生まれることも珍しくありません。

サークルタイムが充実することで、子どもたちが翌日の遊びに目的をもって臨み、より集中できている姿も見られています。

プロジェクトから見てみよう！〈観察編〉

保育者の観察から、子どものどのような姿が見て取れて、遊び・学びが発展したのかを振り返ります。

どんなプロジェクト？

小麦粉粘土でパン作り（2021年度）

サテライト型小規模保育事業　多夢の森

0～2歳児　定員19名

きっかけ

前年度から継続している感触を楽しむ小麦粉粘土のプロジェクト。新入園児の保護者からも「粘土遊びが好き」という声が聞かれたことから、小麦粉粘土に触れながら好きな活動を見つけてもらえたらと考えた。

内容

前年度から小麦粉粘土を継続して楽しむ2歳児のA君とBちゃん。A君の「パンを作ってみたい」のひと言から始まった。保育者の「パンにはいろいろな種類があるのを知ってる?」という問いかけから、パンの名前を挙げてみたり、絵本で調べたりした結果、2人であんぱんを作ることに決めた。

9月6日

できたけど、あれ？
あんこが入ってない
上にのってる
黒いつぶつぶもない！

絵本を参考にあんパンを作るも、あんこがない、上にのっているごまがない、生地が白い、ということに気がついた2人。この日は白いパンのまま終わった。

子どもの姿から活動環境を見直し！

この日は、テーブルといすがある食事スペースで活動していた。落ち着いて活動でき、水道が近くにあるというメリットはあるが、翌日は数々の素材が並び、思い立ったらすぐに好きな素材を手に取れるアトリエに移動することを計画した。

食事スペース

アトリエ

わぁ、いいにおいの
パンができるかも

9月7日

アトリエで活動を始めると、A君はドライフラワーの中からラベンダーを選択。茎を取り、花の部分をあんこに見立てた。Bちゃんは、コーヒー豆を混ぜて生地を茶色にした。A君がBちゃんに「僕にもちょっとちょうだい」と、コーヒー豆をもらうやり取りの姿も見られた。

子どもの姿から成長を見て取る!

作りたいものを表現しようとする姿に、主体性が培われていた。考えて伝え合いながら試していく姿には、論理的思考力が培われていることが見て取れた。

いいのができた!
ママにも見てほしいな

観察から始まる

保育者は、子どもの興味が「小麦粉粘土の感触」から「パン作り」へと変わっていく姿を見ながら、学びがより深まるタイミングと方向を見極め、環境や道具などを用意しました。

子どもは、普段からアトリエで過ごす時間が長く、どんな素材があるのかをわかっています。そのことを保育者も理解しているので、保育者が選んだ素材を食事スペースに並べるよりも、活動場所をアトリエに変えたほうが子どものインスピレーションが湧くと考えました。

保育者はいつも観察に意識を向けています。そして、子どもが何をできるようになったのかという視点よりも、活動の中でどんな学びをしているか、どんなことを発見したのか、何に感動しているのかなどの瞬間を捉えているのです。

独自のシステムで記録、明日の保育につなげる

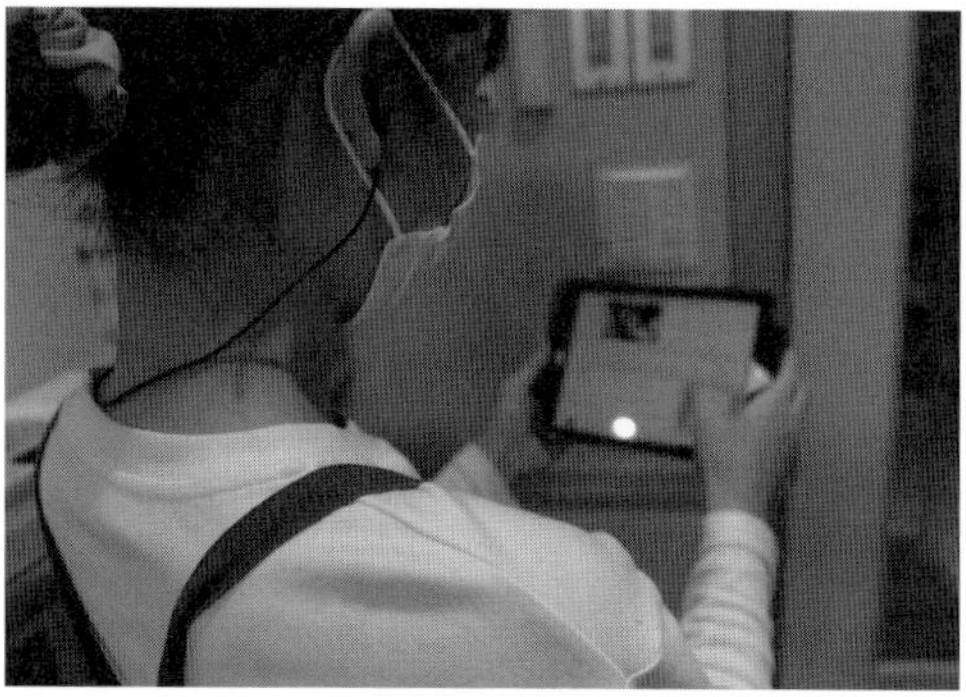

タブレット端末を使い、システムに記録する。

記録が終了すると同時に、保護者向けのドキュメンテーションも完成。一日の終わりに印刷し、掲示している。

観察での気づきを書き溜める

2018年、オリジナルのドキュメンテーション・システム「ICTシステム」をソフトウエア会社と共同開発し、導入しました。保育者は全員、保育中もタブレット端末を持ち、子どもが夢中になる姿や成長の瞬間を撮影しています。

その日にプロジェクトに参加した一人ひとりの子どもの記録をシステムに入力します。フォーマットに従って、子どもの姿を表した項目へのチェック入力、エピソードや次の計画などを記入して完成です。

記録はタブレット端末上で、手入力または音声入力で行います。また、ドキュメンテーションは、日誌や子どもの個別の経過記録にもリンクしているので、同じ内容をあちこち

オリジナルのドキュメンテーション・システム

基本情報　園児選択　今日の内容　写真　園児の成長記録　今日の振り返りと計画

プロジェクト名	感触プロジェクト（サテライト）	日付	2021-09-06
テーマ名	パン作り① オリジナルパン	記録者名	井上 彩香
園児（1名）	××　×××		

① まずはメニューバーから「基本情報」「園児選択」「今日の内容」を入力する。

写真登録

①
小麦粉粘土でパン作りをするAちゃん。パンの写真や絵本を参考に、「このパン作ってみたい！」とアンパンを指差し、作ってみることにしました。
修正　削除

②
絵本のアンパンを見ながら丸めていくと、「先生、できたて！」とAちゃんです。
修正　削除

② タブレットで撮った写真を入れて、子どもの様子、ことばなどを入力。

今日の振り返りと計画

今日の振り返り	#1	その活動は子どもが選択して取り組んだものであった 自ら作ってみようとする姿が見られた。今後も継続して自らやってみようとする姿を十分に受けとめ、そばで見守りながら関わっていく
	#2	その活動は子どもが選択して取り組んだものであった 内容
	#3	その活動は子どもが選択して取り組んだものであった 内容
今後の展開		継続して行い、さまざまな形作りを行いながら、表現力を培っていく
次回の内容		小麦粉粘土
ねらい		好きな形を作って楽しむ。できた形を見立てて伝えようとする

③ 次に「今日の振り返りと計画」を入力。その子の態度・成長過程、成長の視点、保育目標に加えて、保育の反省、今後の課題、次回の内容、ねらいを入力。

環境構成	準備物	絵本	□紙芝居　□絵本　□昔話　□仕掛け絵本　□図鑑
		絵画用具	□鉛筆　□色鉛筆　□筆　□ローラー　□はけ　□ブラシ　□クレヨン　□スポンジ　□パレット　□バケツ　□雑巾　□絵具　□ペンキ　□スモッグ　□コンテ　□チョーク　□マーブリング絵具　□墨
		素材	□プラスチック容器　□空き箱　□卵パック　□牛乳パック　□段ボール　□ストロー　□割りばし　□爪楊枝・串　□アルミホイル　□サランラップ　□紐　□リボン　□ロープ　□凧糸　□ガムテープ　□セロハンテープ　□マスキングテープ　□模造紙　□画用紙　□コピー用紙　□厚紙　□新聞紙　□包装紙　□楽器　□のこぎり　□金槌　□ドリル　□やすり　□虫取り網　□虫かご　□ボール　□スコップ　□竹馬　□皿　□おわん　□スプーン　□おたま　□コップ　□マイク　□楽器　□縄跳び　□地図　□虫眼鏡　□きり
			その他の場合記入してください
	人的な援助・配慮		□欲求を満たす　☑見守る　□思いを受容れる　□存在を喜ぶ　□存在を認める　☑共感者になる　☑行動を認める　☑一緒に試行錯誤する　□助ける役は子供に任せてみる　☑ヒントやアドバイスをする　☑提案者になる　□共同作業者になる　□理解者になる　□感動を共有する　□遊びの援助者になる　□仲間をつなぐための援助者になる　□次への期待感をもたせる　□目標設定の援助者になる（ストレッチ・スモールステップ）

④ 最後に次回の環境構成（準備物や人的な援助・配慮）に関するチェックを入れる。

に書く必要はありません。

ドキュメンテーションで記録したものは蓄積され、子どもごとの記録をまとめて、経過記録として表示することも可能です。ほかの保育者の記録も閲覧できます。

蓄積した記録は、保育計画を話し合う際の参考や、翌月の月案など、子ども一人ひとりの個別カリキュラムの作成に役立て、活用しています。

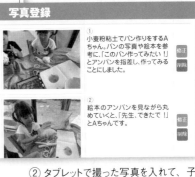

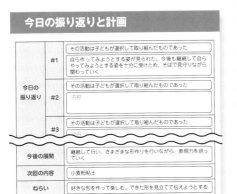

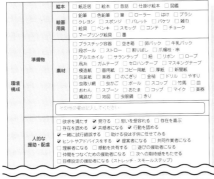

PDCAサイクルを回す記録システム

●●●●（氏名）の成長記録

態度	興味	物事や出来事に関心を向けること	□ 要求する □ 笑顔 □ 驚き □ 身近な環境への働きかけ □ 模倣する
	好奇心	わからないことや珍しいこと、未知の事柄に対しての「興味」	□ 質問する ☑ 真剣なまなざし □ 発見する □ 続ける
	探求心	物事の真の姿をさぐって見極めようとする心情や態度のこと	□ 思いを伝える □ 夢中になる（熱中） □ 試す □ 調べる □ 諦めず挑戦する □ 工夫する
	向上心	自分の能力・性質などをより優れたものにしようとする心もち	□ 語る □ 没頭する（他を顧みない） □ 協力する □ 説明する □ 評価を求める □ 教える □ 再挑戦する
成長過程	□ 興味 ☑ 好奇心 □ 探求心 □ 向上心 □ 継続して高めていこうとする力		
成長の視点	形作ったものを伝える姿から、コミュニケーショ…た		

個別の成長記録もプロジェクトごとに日々入力されている。

プロジェクト名：感触プロジェクト

日付	2021年 9月 6日	記録者名	井上 彩香
園児	[redacted]		
今日の内容	小麦粉粘土作り		

①
小麦粉粘土でパン作りをするAちゃん。パンの写真や絵本を参考に、「このパン作ってみたい！」とアンパンを指差し、作ってみることにしました。

②
絵本のアンパンを見ながら丸めていくと、「先生、できたで！」とAちゃんです。

前ページで入力したドキュメンテーションはこのようにプリントアウトされ、毎日保護者に掲示されている。

記録が今日と明日をつなげる

タブレットに入力されたドキュメンテーションは、「テーマ」と「今日のねらいと内容」、そして「成長の視点」と「振り返り」の中から一部が抜粋されてプリントアウトされ、毎日保護者に掲示されます。

保護者が目にするのはその一部分ですが、ドキュメンテーション・システムの中では、テーマ・今日のねらいと内容（DO）、今日の振り返り（CHECK）、今後の展開（ACTION）、次回のねらいと内容・環境構成（PLAN）のPDCAサイクルが常に回っています。

今日の子どもの姿があってこそ、明日、明後日の保育があります。だからこそみかり会は、今日の子どもの姿を大事に観察し、振り返り、記録し、計画し続けるのです。

プロジェクトから見てみよう〈記録編〉

どんなプロジェクト？

きのこの栽培（2021年度）

幼保連携型認定こども園　夢の森

0～5歳児　定員75名

きっかけ

子どもが「ドコノコノキノコ」という歌を気に入って歌い、雑木林に生えるきのこに興味をもっていた。きのこをもっと身近に感じてもらうためのアプローチを考えた。

内容

しいたけの栽培キットを用意。説明書の図を見て準備するところから、子ども主体でスタートし、菌床を毎日観察。収穫時は、ホットプレートで焼いて味見をした。栄養士の「いい出汁が出そう」という言葉から、干ししいたけ作り、出汁作りにも発展した。

12月6日

どんな味？

プロジェクト名	食育～3.4.5歳児～		
日付	2021年 12月 6日	記録者名	福元　麻由
園児	[redacted]		
今日の内容	金曜日に作ったレシピを元に「だし」作りを行いました。		

① Kさん「これ何?」 保育教諭「水を量る計量カップだよ。厨房さんに水をもらってきてくれる?」
Kさん「厨房さん、水くーださい」
勇気を振り絞って水をもらうことができたKさん。慎重に机まで運びます。

② 水をもらってきたKさんは、鍋に水を入れるまで責任をもって取り組む姿が見られます。溢れないようにゆっくり慎重に入れていきます。

③ 干し椎茸を入れて火にかけると、しいたけの香りが広がります。
保育教諭「匂いがしてきたよ」 Kさん「お肉の匂いがする～」
感じた匂いを自分の言葉で伝えようとするKさん。できあがった出汁を飲んでみることにします。

④ 何とも言えない表情を見せるKさん。
保育教諭「苦手な味だった?」 Kさん「うん」 保育教諭「Kさんが『おいしい』と思えるようにするはどうしたらいいかな」
友達や厨房さんと協力し、塩や醤油を足し味付けを行ってみます。すると、最後には「おいしい」と味わうKさんでした。

成長の視点	××　×××	興味をもって取り組む中で、自分の意見を伝えたり友達と協力したりする姿から【自分の意見を伝える力・互いに協力する力】が培われていると感じます。
今後の展開	・他の食べられるきのこにも興味がもてるようにアプローチしていく ・他のきのこは匂いや味が違うのか試していく	

汐見先生と谷村先生 TALK

「プロジェクト型のアプローチ」がみかり会の基本スタイル。プロジェクト型保育について、どんなふうに考えていらっしゃいますか？

谷村　「保育所保育指針」の理念を深く理解**しようというのが、わたしたちの出発点です。**これからの社会を生きる子どもたちには、単に知識をたくさんもつのではなく、知識を活用でき、そこから新しいものを作り上げていくことができる人になってほしい。そのためには「主体的・対話的で深い学び」、いわゆるアクティブ・ラーニングが必要だということで、すべての保育をプロジェクト型で進めていくことにしました。

汐見　プロジェクト型保育は、アメリカのキルパトリックという教育学者が提唱したプロジェクトメソッドから始まっています。プロジェクトには、「ある種の目論見をもった計画」という意味があり、そういった側面が色濃く出過ぎると、子どもたちがプロジェクトを作るのではなく、先生たちがさせているのではというような批判をされることもあります。実際にはさまざまなバリエーションがあり、うまく実践していくには難しい点もあるのではないかと思いますが、いかがですか。

感性を動かす環境作りが保育者の仕事

谷村　プロジェクトは、子どもの興味から始まります。何かありそう、おもしろそう、という入り口で保育者がすることは、**子どもたちが主体的に動ける環境作り**です。具体的にいうと、**利用しやすい、選びやすい、続けたくなる、流れが見える、振り返りやすい、見通しが立てやすい、美しい、珍しい、驚きがある**、というような環境です。

次に、その環境に子どもたちがどう反応し、どう動くかということをアセスメントします。表情やことば、動作などから、どんなことに興味をもち、何を得意としているか、どんなことが好きなのか、ということを観察していきます。

汐見　「やってみたい」「作ってみたい」「調べ

てみたい」と思うようになる「動機づけ」は、環境によって子どもたちの感性を動かす、という言い方もできると思います。まずはそのための環境作り、ということですね。

谷村　はい。**環境に反応しながら子どもたちが遊び始めると、そこには気づきや疑問が生まれ、ことばが出てきます。**わたしはそこでの保育者の関わり、「そんなことに気づいたの？」という働きがけが、一番のポイントだと思っています。ここはなかなか難しいところですが、その気づきを再びうまく子どもたちに返すことによって、プロジェクトが動き出すのです。

そこからの仕事は、子どもの姿をていねいに見て、心情や意欲をうかがいながら、子どもが自分で立てた問いを探求し始めるところまでそっと導いていくこと。子どもが深い学びの営みを通して、資質・能力を培っていくという方向にプロジェクトが進んでいくのが理想です。しかし、これには保育者の能力もかなり必要で、保育者は体験し、学びながら、スキルを高めています。

汐見　プロジェクトが盛り上がっていくためには、やはり保育者の的確でていねいな関わりが大きなポイントですね。保育者に必要な能力やスキルは、どんなふうに育てているのですか。

谷村　研修や実践発表といったトレーニングです。みかり会の複数の園をオンラインでつなぎ、実践を発表し合うことで、こういう進め方があったのか、そういう視点があるのか、というような、まさに感性を培っていくためのトレーニングをしています。**基本的な姿勢は、アウトプットを増やそうということ。**アウトプットが前提にあれば、必然的にインプットをしっかりとやる必要が出てきます。そのための日々の実践が結果的にスキルを高め、定着させることにつながっていると思います。

汐見　自分の保育をていねいに振り返る力、それを可視化する力、みんなで検討する力が集団の中にあってこそ、徐々にスキルアップできていく、とわたしは思います。そのことをすでに発見し、実践されているわけですね。

みかり会の園はどこも、こういうお家に住んだら素敵だろうな、というような造りですね。

子どもの感性を刺激しつつ子どもがくつろげる環境を

汐見　建具や家具、遊具などもほんとうにていねいに作られています。園という場所がきらびやかである必要は全くないと思っていますが、子どもの素直な驚きや喜び、共感がわーっと湧き出てくるような、感性が十分に発揮できるような環境はほんとうに望ましいものだと思います。

谷村　園の環境は、ケアや養護の目標として当初からしっかり位置づけていました。子どもがくつろげる、落ち着いた環境を提供することがゴールだと思うので、**「学校ではなく、家庭をモデルに」というのが園の方針**です。しかし、今ではちょっと家庭を通り越した環境になってしまったかもしれません（笑）。とはいえ、発想のスタートは家庭ですから、落ち着いた色、受容的なトーン、集中できる静かな環境・デザインを重視しています。

汐見　園には、障害のある方が働く場所やお年寄りのための施設も併設されて、子どもたちが日常的に多様な方たちと交流しながら生活するというインクルーシブな取り組みもされていますね。

谷村　アクティブ・ラーニングや人間の成長には、**さまざまな相互作用でインスピレーションを受けたり与えたり、自分を支え、成長させてくれる「人」との関わりが絶対に必要**です。そして相互作用は、できるだけ多様なほうがいい。ですから、こども園と高齢者向けのデイサービス、障害者向けの福祉サービスが合体した複合型の施設で、子どもとお年寄り、障害のある方々が日常的につながり、関わっていける空間を作ってきました。

汐見　入り口のすぐ横にパン工房がある園もありましたね。いい匂いがするんです。子どもたちの中で、「園はいい匂いのするところ」になっているわけです。そこでパンを作っているのは、障害のある方々で、自分たちが作ったパンを喜んで食べてくれる人がいるという思い、自分たちが地域の中で役に立っているという実感のようなものが、パンの匂いとともにプンプン漂ってくるんです。

谷村　園の掃除も子どもたちと、就労支援の利用者が一緒にしているんです。

障害のある方の就労先は、カフェ、ベーカリー、お掃除部門などいろいろあるのですが、実はお掃除部門が一番人気です。子どもは分け隔てがありませんから、掃除の仕方を教えてくれる障害者を「先生」と呼ぶんです。それ以外にも、障害のある方が自己肯定感を感じられるような場面があるのだと思います。もちろんそれをねらっていたわけではなく、思わぬ副産物だったのですが、やはり**お互いに関わることで得られる大きな価値**、というものがそこにはあると思うのです。

汐見　子どもは障害というレッテルを貼るのではなく人間を見て、「お兄ちゃんすごい」と思うわけですね。僕たちはほんとうに子どもから学ばなければ。みかり会は**地域的なインクルージョンによって、どの世代のどんな立場の人も、人間本来の関係性を築いていけるような場所**を作っているのですね。

谷村　今は委員会を作って、自分たちが行っていることをモニタリング（観察し、振り返る）しながら、こういった関わりの「価値」について探求しています。こういう経験を通して、子どもには資質・能力が大きく培われるのではないか、と思うのですが、特に育ってほしいのは、学びに向かう力、人間性、協働する力や理解力、といった非認知能力の部分です。**脳の８割が完成するといわれる幼児期に、異年齢、障害者、高齢者などと、多様で豊かな関わりを構成していこう**、というのがわたしたちの考え方です。

汐見　ほんとうによく考えられていますよね。東京にいるとなかなかわからないのですが、神戸の一角でこんなことをやっている園があるんだ、というのはある種の驚きだし、今後に期待しています。

世界の保育を見てみよう 2

レッジョ・エミリア・アプローチ（イタリア）

『100の言葉』に現れる教育理念

「世界で最も先進的な幼児教育」などと評され、今では日本をはじめ世界各国の保育にも取り入れられているレッジョ・エミリア・アプローチ。発祥のレッジョ・エミリア市は、イタリア北部にある人口16万人前後の小さな都市です。

パルミジャーノ・レッジャーノチーズで有名なこの町では、第二次大戦後、労働者や農民が学校再建のための資金集めをするなど、早くから市民が子どもの教育に力を注ぐことの重要性を認め、1963年にはイタリア初の公立幼稚園が作られました。

その立役者となったのは、社会心理学者、教育哲学者のローリス・マラグッツィです。マラグッツィは体系的な理論を残してはいませんが、『100の言葉』として知られる彼の詩は、レッジョ・エミリアの教育理念を象徴するものとして有名です。

これまでの幼児教育は子どもに冷たく、子どもの権利を奪うものである、わたしたちはもっと「子どもの権利」や「社会性」そして「時間」を尊重しようという思いが込められています。その信念に導かれて、レッジョ・エミリアは一人ひとりの子どもを尊重し、保育者や家族、そして地域社会全体でともに学んでいく共同体のシステムを確立してきました。

そこで何よりも大切にされるのは、大人が子どもに一方的に教える関係ではなく、お互いの豊かな能力を信じ、可能性を引き出し合う関係性です。計算や読み書きを学ぶことよりも、子どもたちが自分で感じたことや考えたことを、自由な発想で表現するための創造力を磨き、自己表現力を高めていくことが重視されています。

プロジェクト活動とドキュメンテーション

レッジョ・エミリア・アプローチの大きな特徴は、プロジェクタツィオーネと呼ばれる子ども主体のプロジェクト活動と、活動の記録をパネルにまとめるドキュメンテーション、そして各施設に芸術活動に必要な用具や素材の置かれたアトリエが備わっていることです。

3～6歳の「幼児学校」の多くには、保育者の他にアトリエリスタ（芸術教師）が常駐しています。アトリエリスタは美術の専門家ですが、仕事はアートを教えることではなく、プロジェクトのサポートや提案などをすることです。活動には保護者や地域の人、専門家なども加わることがあり、子どもたちは活動を通じて思考力や表現力、言葉やコミュニケーション力

『冗談じゃない。百のものはここにある。』

ローリス・マラグッツィ（Loris Malaguzzi）
佐藤学・訳

子どもは
百のものでつくられている。
子どもは
百の言葉を
百の手を
百の思いを
百の考え方を
百の遊び方や話し方を持っている。
百、何もかもが百。
聞き方も
驚き方も愛し方も
理解し歌うときの
歓びも百。
発見すべき
世界も百。
発明すべき
世界も百。
夢見る
世界も百。
子どもは
百の言葉を持っている。
（ほかにも、いろいろ百、百、百）
けれども、その九十九は奪われる。
学校も文化も
頭と身体を分け
こう教える。
手を使わないで考えなさい。
頭を使わないでやりなさい。
話をしないで聴きなさい。
楽しまないで理解しなさい。
愛したり驚いたりするのは
イースターとクリスマスのときだけにしなさい。
こうも教える。
すでにある世界を発見しなさい。
そして百の世界から
九十九を奪ってしまう。
こうも教える。
遊びと仕事
現実とファンタジー
科学と発明
空と大地
理性と夢
これらはみんな
共にあることは
できないんだよと。
つまり、こう教える。
百のものはないと。
子どもは答える。
冗談じゃない。百のものはここにある。

も伸ばしていきます。学びの主体はあくまでも子どもたちであり、また創造的な過程を探究していくプロセスこそが重要で、作品の完成を重視するものではない、というのが基本姿勢です。

そして子どもたちが取り組む日々の活動は、ドキュメンテーションという形で記録されます。できあがった作品ではなく、話し合いややり取りの様子、活動中のさまざまな経験といったプロセスを、写真や文章、録音などによって記録。後にパネルを制作して、子どもたちはもちろんすべての来園者が見られるようにしています。

ドキュメンテーションは子どもや保育者が自分の活動を振り返るきっかけになるだけでなく、保護者や地域の人々に子どもたちの活動を伝える資料にもなり、コミュニケーション手段としても大きな役割を果たしています。

レポート **4**

清遊の家 うらら保育園

【東京都葛飾区】

0～5歳児まで定員70名。1977年に東京都葛飾区に無認可太陽の子保育室として開設。1997年に認可を受け、1998年にうらら保育園と改称する。木造の園舎には特別養護老人ホームなどの高齢者施設を併設する。

子どもたちが
おもしろがっていることを
園全体で支え、
広げていますね。

汐見先生

清遊の家理事長
うらら保育園園長
齊藤真弓先生

葛飾区たつみ保育園園長
山本由美子先生
（うらら保育園前園長）

清遊の家は「福祉は愛である」を、
うらら保育園は「自らを生き共に生きる」を
理念に掲げている。

古きよき暮らしの中で深い愛情をもって関わる

「子どもの人生」そのものを考える

人間は、一人では生きていけません。特に乳幼児期は、人とともに生きていくことを重ねる最初の土台を作る時期。そこで、どれだけの人に愛されて、やさしくされて、受け入れられて育ってきたのかが、その子の人間形成に大きな影響を与えると考えています。

子どもにとって身近な存在で、そのぶん影響も大きな保育者が愛情を注いで関わっていくことによって、その子が「ここにいていい、生きていていいのだ」と思えていく。その後の子どもの人生に多大な影響を与えていくということを、保育者はいつも念頭に置きながら保育を行っています。

文化の中で本物に親しむ

日本の文化や四季に触れてもらうことも、大切にしています。

子どもは、園庭で育てた梅を使った梅干し作りや、味噌作りに取り組みます。七輪でさんまやさつまいもを焼いて、旬の味覚をいただくことも、楽しみの一つ。昼食のご飯はおひつで提供するので、蓋を開けて立ち上がる湯気やご飯の香りはとても心地よいもの。こうした昔ながらの日本の暮らし方からは、いろいろなことを学べるのです。

本物を見極める力を備えてほしいため、本物で環境構成することにもこだわっています。おもちゃはていねいに扱えば何十年も使えるような、木製のものがたくさんあります。昼食の食器は、0歳児から陶器を使っています。

好きな場所で好きなことを。下町長屋の大家族

1歳児の保育室

フローリングと畳には段差があり、子どもは柱をつかむなどしてうまく上り下りする。場面によって、過ごす場所も分けている。

2歳児の保育室

2歳児の保育室のみ、デッキを挟んだ場所にある。ここを拠点とし、3～5歳児の部屋へと行き来をくり返す姿が見られる。

友だちといても一人でいても

木造の園舎で、「好きな人と、好きな場所で、好きなことをする」が、うらら保育園のコンセプトの一つです。

3・4・5歳児は、異年齢で過ごすクラスが全3組あり、担任の名字を冠してそれぞれ「○○家」と呼びます。年齢別保育も週のうち数日行います。保育室は、障子や襖で区切られた広い空間。障子を開け放つと、下町の長屋で大家族が過ごしているような光景です。

0・1・2歳児には、それぞれに保育室があります。ガラス戸や障子で仕切られているため、扉が閉まっていても、外の気配を感じながら過ごすことができます。

2~5歳児は、自分の保育室に限らず、居心地のいい場所で過ごします。友だちと遊ぶ、

おひつからよそうご飯の量を決めるのも子ども自身。おかわりするときは、ほかに食べたい子がいるかもしれないので、子ども同士で相談する。

子どもがおうちごっこをしたり、保育者が食事やミーティングをしたりと、子どもも大人も自由に使っている。

昔ながらの日本の暮らしの要素が詰まっている保育室。仕切りの障子は年末ごとに張り替えを実施。そのときは、子どもたちが盛大に破くのが恒例だ。年齢別保育の日は「チームの日」と呼び、子どもたちが名づけたチーム名で活動している。

一人で何かに夢中になる、保育者のそばで過ごすなど、さまざまな姿があります。

好きやタイミングを見守る

保育者は、園舎のあちこちで活動する子どもをみていきます。死角も多いですが、子どもとの関係が築けてくると、一人ひとりの好きな場所なども把握できてきます。

ちょっと姿が見えないときでも、保育者は「さっきケンカしてたから、今は一人でいるんだろうな」「ここにいないなら、あっちだな」と想像します。また、担任ではない保育者が「××ちゃんはこっちにいるよ」と声をかけることもあるように、園全体で子どもが好きな場所で過ごせるように見守っています。

3・4・5歳児は、お昼の食事時間も決まっていません。ご飯のいいにおいがしてくると、自然に「そろそろご飯にしようか」と話し出します。ちゃぶ台を出すと、子ども自身で配膳しています。

全身で子どもを感じて受け止める

子どもの行動には意味がある

うらら保育園では、「その子にとって」を大切にしています。それは、子ども一人ひとりについて、その子のやりたいことに寄り添ったり、発達を含めて、その子に今何が大切か、必要かを考えたりすることです。

子どものやることには、何かしらの意味があります。保育者はそこを否定することなく、子どもの声をていねいに聴き取ることを意識しながら、子どもと関わっています。

たとえば、「どうしたかったの?」「今、こんな気持ちだったね」と、保育者が子どもの心をことばにすることもあります。ことばにしなくても、背中をさすりながら「そうだったんだね」と共感する。子どもたちは、わかってもらえたと安心できれば、それだけでも、次へと進んでいけると考えています。

答えを先回りしない

子どもが何かをやりたいというときも、子どもの姿や声を拾うことから始まります。「何を作りたい?」「どうしたらいいかな」と、まずはていねいに聴き取っていきます。

大人がつい先回りして何かを言いたくなりますが、子どもは今、何かを考えているかもしれません。

子どもに相談してみれば、ちゃんと話ができますし、どうしたいかという気持ちももっているものです。いかに大人が耳を傾けようとするか、感じ取ろうとするかが重要だと実感しています。

子ども自身で決める茶碗と湯のみ

3歳児クラスになると、それまで使っていた白無地の陶器を卒業し、自分の好みの柄の茶碗と湯のみを選ぶ「贈答式」が行われる。

子どもたちは、並んだ茶碗を見ながら心の中で選ぶものを決めたら、一斉に指をさす。複数の子どもが同じ柄を選んだ場合は、どんな方法で決めるかを、子どもたちで話し合うのが、うらら式である。

●毎年のドラマ

じゃんけんやくじ引き、譲ってくれる子が現れるなど、重複したときの決め方はさまざま。思いどおりにいかずに泣き出してしまう子もいて、毎年のようにドラマがある。

卒園まで使った茶碗は、次の子どもたちへと受け継がれる。壊れてしまったものは、その子がお別れの方法を決める。カメの隠れ家や壁にセメントで埋めるなど、その方法にも個性がある。

ヒントの種をまく

保育者たちにはよく、「保育の種まきをしよう」と伝えています。遊びの中にちょっとしたヒントを置いておくということです。

種をまくと、子どもはそこから発想をふくらませて、ダイナミックに遊びを広げていったり、大人には想像もつかないようなことをする瞬間が訪れたりします。

たとえば、小麦粉粘土をこねているところに、絵具をぽつんと垂らしてみます。そのことがきっかけで、あの色がほしい、この色がほしいと好奇心をもった子どものそばに、さまざまな素材を並べてみたら、子どもはそれまでとは全く違うものを作り始めます。

さり気なく種をまいていくと、子どもは自分の力でどんどん世界を広げていくことができるのです。

子どもの姿をみんなでおもんぱかり、残していく

当たり前に子どもの姿を共有

保育者は、ちょっとしたタイミングを見つけては、小さなことでも共有し、「なんで起きたのだろう」「どう思っていたのだろう」と話し合うことが習慣になっています。

園全体では、昼礼を毎日実施し、前日の午後から当日の午前中に起きたことなどを情報共有しています。「昼礼ノート」を用意しているので、昼礼に出席できなかった職員は、その日の夕方か翌日には必ず目を通して保育に入ります。

ただ、ときにはどうしても日々に追われてクラスの保育者同士で話すのが難しい場合もあります。そのときは、主任やフリー保育者が保育に入れるように調整し、短時間でも保育者同士が話せる時間を作るようにしています。

昼礼ノート

子どもの体調やけが、保護者とのやり取りなど、昼礼で共有したことをノートに記録している。
（右は偽名で表記）

昼礼報告書　令和 4 年 8 月 3 日 (水)

クラス	子どもの様子
すくすく 10名→9名	ゆみ…慣れ保育後降園　みつこ…PCR(-)、手足口病診断、今週㊍ ひろゆき…自粛のため㊍　★今日から全員離乳食・幼児食！！
のびのび 6名	・りん、はる、ふうと…手足口病㊍ ・しんいち…11日まで㊍　PCR(-) ・あきな、うた…連絡なし㊍　今朝平熱に。発疹でてきて再診予定 →かい…昨日夕方全身に湿疹→じんましん診断
いきいき 5名	せいこ…登園日の確認でTelしているがつながらず。Telきたら阿部主任につないでください。/ たまき、あきな…自粛で㊍ ちひろ…本日自粛で㊍ Telの際、感染症での休みを気にしていた。明日からも朝Telがくるかもしれないです。/ とじろう…朝、昼少なめ。体調気にかけてます。 かつみ…PCR(-) 手足に湿疹㊒ 明日受診したらTelくれます。/ あすか…いつもより少し熱高め まさよし…昨日max38.6℃で早退。ヘルパンギーナ診断。/ けんと…父PCR結果まちで自粛
	他家庭にも！ 心配な方には伝えよう！ ★愛がクレヨンでお絵かき中、拓哉母の白いトートバックに触れ、クレヨンがついてしまう。おあずかりし、洗濯してお返しします。

年度末のアルバムの中身

子どもによって見せる表情や発達は全く異なるので、その子だけのアルバムを毎年作っている。

黒板

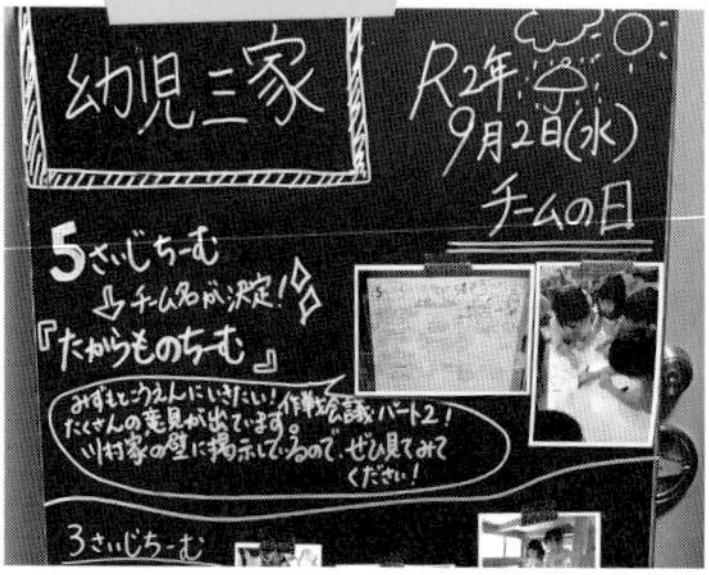

その日あったことを、夕方までに黒板に記入。保護者に見せたい瞬間の写真と一緒に、書くのはエピソードや取り組み、保育者としての見解など。記入後は写真を撮って残している。

川村家便り

令和２年度　うらら保育園　幼児三家お便り 12 月号
発行元責任者：園長 山本 由美子
川村家・５歳児担当：川村 楓

食べることが大好きなみんな。川村家の分が空っぽになると、石井家や葛山家で余った分を目指して、"突撃！隣の昼ごはん" しています…。「おいしかったー」と言いながら、食器を片づける子どもたち。食欲の秋が終わったって、川村家には関係なし！

大切に想うこと（家族）

子どもたちが一人ひとつ持っている箱。その箱の中には子どもたちの折り紙や描いた絵など、大切な物が詰まっています。いつも衣類棚の中が子どもたちの宝物でいっぱいになっていて、整理整頓をするために使い始めたものです。

使い始めてから長い子はもう約２年経ち、箱はくたくたになってしまっていました。そろそろ替えどきかな。そう思い、みんなに相談して、新しくフタ付きの箱を購入しました。新しい箱が届くと、とても嬉しそうに中身を詰め替える子どもたち。そして、空っぽになった箱第一号が、私にはなんだか寂しそうに見えました。

翌日、並べて置いてあった第一号たちの中から、自分の箱を手に取って見つめていたＡくん。「これには思い出がある」「○○に書いてもらったんだ」。それは私に向けた言葉ではなく、ひとり言のように、噛みしめるように、言っていました。その箱は、まだ文字を書くことがなかった Ａくんが３歳児の頃に、兄ちゃんに書いてもらった名前や絵で彩られていて。Ａくんだけではなく、ほかのみんなも「前の箱も取っておきたい」と大切そうに話していました。"寂しそうだな" なんていう私の思いとは裏腹に、その箱たちはみんなからの想いをいっぱい受けていたのです。

物が溢れている生活の今。"大切に使おう" "粗末にしないようにしよう" と感じることは難しくなっているのではないかと思っていました。昔の暮らしでは、その物の後ろに作っている人の苦労や、かけられた時間を感じて、誰もがあたりまえのように物を大事にしていたはずです。この日、改めて物や人への感謝の気持ちをもつことの大切さに気づかされ、ひとつひとつていねいに想いを込めて、子どもたちと一緒に使っていきたいと感じました。

5歳児（たからものちーむ）"秘密基地がほしいなら"

チームの日。その日は、ちょっと寒くて、めずらしく散歩には出かけずに、卓袱台を囲んで朝のおやつを食べていました。たからものちーむがうららで過ごす時間も残りわずか。"卒園までにしたいこと" について、みんなで話をしてみました。「卒園するまでに秘密基地を作りたい！」

川村家便り（クラス便り）

クラス便りは、担任それぞれの作りやすい方法で書いてよい。文章でまとめる人、写真を多く入れる人などさまざま。

記録方法はさまざま

記録には、保育者が一人１台持っているデジタルカメラを使って、子どもの真剣な姿や夢中な姿を撮りためています。

そうした写真は、黒板にことばを添えて、保護者に提示しています。子どもたちの取り組んだ活動の様子などを、壁新聞にして貼り出すこともあります。

年度末は、１年分の写真をもとに、子ども一人ずつのアルバムを発達記録として作成しています。

毎月のクラスだよりには、担任のその人らしさが表れます。幼児三家の担任の場合は、その保育者が担当している異年齢クラスと年齢別チームの両方についてエピソードを書き綴ります。保護者にはすべての幼児三家のクラス便りが配布され、いろいろなクラスの様子を知ってもらえるようになっています。

一人の子どもの声から始まった秘密基地作り

設計図作り

絵本を参考に、設計図や建築模型を作った。

建材屋さんの廃材

材料は、近所の建材屋さんの廃材を、子ども自身で調達。完成後は写真とお手紙でお礼を伝えた。

必要なことは保育者がサポートしながらも、作業は子どもたちの手で進めていく。

釘ドリルに挑戦

秘密基地を作りたい

2020年12月、5歳児13名のチーム活動(年齢別保育)のときです。卒園までにやりたいことを聞いていくと、「秘密基地を作りたい」と言う子がいました。

ほかの子も賛同したので、担任は絵本『ツリーハウスがほしいなら』(ブロンズ新社刊)を出してみました。すると、子どもが秘密基地を作っていくお話の世界に目を輝かせる子どもたち。そこで、まずは設計図を作ってみたのです。

その思いを形にしたいと、担任は園長やアトリエリスタという芸術指導の専門職員に相談しました。子どもたちがイメージする巨大なものは専門技術も時間も予算も必要です。実現するのは難しいけれど、まずは条件に関

いすの色塗り

個性あふれるいすが完成。卒園式はこのいすに座った。

壁新聞

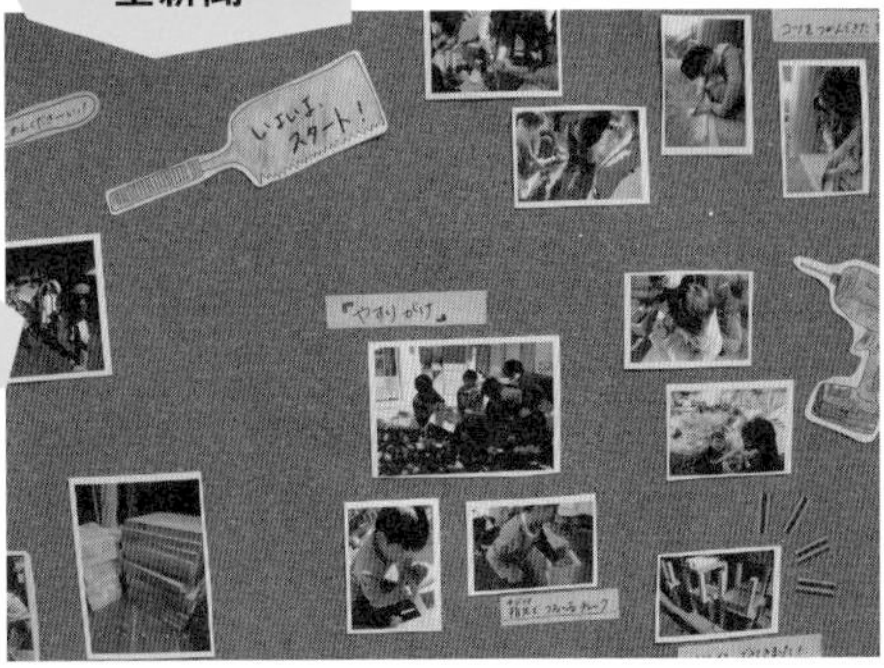

保育者が作った壁新聞と子ども自身で作った壁新聞で、保護者にも経過報告。

完成した自分用のいすで遊ぶ子ども

完成したいすの上で思い思いの時間を過ごす。いすは子どもたちの宝物。

係なく、何ができるかを考えてみたらいいのではないかという話になりました。

子どもも保育者もワクワクする

作ることになったのは、1メートルちょっとの幅の秘密基地と、自分用の椅子。釘を打ったり、ペンキを塗ったり、自分たちだけのものにしたかったようで、「3・4歳児には内緒！」と、作業場所を相談してみるなど、試行錯誤しながら約3か月かけて完成しました。

できあがった秘密基地の中では、友だちと本を読んだり、寝転がったり……。秘密基地の中で少人数が食事をして、ほかの子どもはそのそばで一緒に食べることもありました。

保育者たちは、担任からエピソードを聞きながら、「子どものときに秘密基地を作った思い出ある？」「あの頃はできないことは何もないって思っていたから、子どももそんな気持ちなのかな」「実現したらうれしいだろうね」と語り合いを楽しんでいました。

汐見先生と
齊藤先生
山本先生
TALK

うらら保育園は、木の温もりを感じられる環境で保育をしていますね。環境が子どもたちのやわらかさを引き出していくというようなアセスメントがあったのですか？

齊藤　質感や温度を感じられないものをできるだけ排除して構成されています。使われている素材は木と布、紙、それから土。園内には「保育園らしくない保育園を作るんだ」という初代園長の思いが詰まっています。

汐見　**保育園らしくない保育園**。それが保育園のあるべき姿かもしれませんね。

齊藤　機械油のにおいのする町工場や空き地がたくさんあって、異年齢の子どもたちが夕方には路地で遊んでいる、というような風景が失われてしまった今、**保育園の役割は昼間の擬似家族**です。家族が暮らす場所なら、居心地のいい温もりのある建物で、気持ちいいものに囲まれ、心地いいと感じるものを着て暮らしていこうということで、保育者もカラフルなジャージや、くまさん・うさぎさんのエプロンは身につけず、全体的にかなり落ち着いた色調の保育環境になっています。

汐見　保育指針にも、保育園は「生活の場」であると書かれています。これはとてもだいじなこと。**「生活」というのは翻訳語で、昔からの日本語でいえば、「暮らし」**です。

暮らしというのは、何か特別なこと、派手なことをするわけではありません。子どもの場合は昔から遊びが中心ですが、大人は働き、三食のご飯の支度をしたり、寒くなったら暖をとれるようにしたり、「今日もいい一日だった」とみんなが思えるように、ちょっと面倒くさいことも毎日一生懸命にやっていくこと。その根っこにあるのは、「一緒に暮らしている」という喜びです。

「心地よい暮らし」がうららの原点

山本　園の環境は、子どもだけでなく大人もくつろげる心地よいものです。「うららにはうららのにおいがする」なんて言うのですが、たとえば出汁の香りやご飯が炊けるにおい、ちょっとした暗さや、明るさ、やさしい空気の流れなどから得られる安心感のようなものがあります。

子どもたちがくつろいで過ごせることが大前提ですが、保育者がどれだけ気持ちよく過ごせるかも大切なこと。保育者が子どもたちのいろいろな気持ちに、いつも寄り添っていけることの原点は、そこにあるのではないかと思っています。

汐見　「うららには、うららのにおいがする」。いい言葉ですね。「いつも○○せねば」と緊張していると、においってちゃんと感じられなくなってしまうと思うんです。

子どもたちがほんとうに気持ちいいと感じているのかどうか、ほんとうにくつろいでいるかどうかということは、もちろんアセスメントの視点だと思いますが、職員の原点もまた「心地よい暮らし」にあるのですね。

齊藤　そしてわたしたちが可視化しながら、この保育をまずは保護者に、そして地域の人たちに伝えていく中で、人が生きるところ、人と人がつながるところは、こんなにやわらかく温かいんだということを体感して、自分の中に取り込んでもらいたいなと思っています。

汐見　背伸びしないでありのままに生きているという感覚、人と触れ合い、生きていることはうれしいねという感覚は、やはり地に足のついた暮らしの中に生まれてくるんですよね。

暮らしを通して伝えていきたいこと

齊藤　暮らしを作ることの中に、学びもあります。わたしたちが特に子どもに伝えたいのは、「何があっても一人で生きていく」ということ。そして「困難なときにはだれかに『助けて』と伝え、力を出し合いながら乗り越えていく」ことです。

地球規模の災害や戦争がくり返される時代に、自分の命をどうつないでいくかということを伝えるのは、わたしたちの役割だと強く感じています。

たとえば、火をおこせなければ寒くて死ん

でしまうかもしれないし、ご飯も食べられないわけですが、今はそんな経験をもたないまま保育者になる人がほとんどです。だから、**子どもと一緒に、生きていくこと、暮らしていくことがうららの保育の原点**なんだということを、暮らしを通して、できるだけことば少なく伝えていきたいと思っています。

汐見　「暮らし」の中には「楽をする」という意味はあまり含まれていないんですよね。ちょっとした知恵と技を発揮して、あるいはみんなで持ち寄って人生を作っていくのが暮らしです。

大人はそういう知恵や技を子どもたちにも身につけてほしいと願うわけですが、「答えを先回りしない」というみなさんの考えについて、もう少し教えてください。

山本　いつも考えているのは、「子どもたちがやりたいことはなんだろう」「やれることはなんだろう」ということです。基本的にうららは、子どもたちの好きなこと、やりたいことに制限をかけないのですが、それをどんなふうに、どこまで実現できるのかについては、子どもと話をしたり、職員間でも何度も何度も話し合ったりします。

秘密基地作りや、子どもたちの好きなことをギュッと詰め込んだデイキャンプなど、やりたかったことが実現したときの「やればできる」という感覚は子どもたちの自信になって、次の「やりたい」につながっていくのだと思います。

「やればできる」が生まれ、育つ土壌

汐見　「やればできる」という感覚は、暮らしにとって、また生きていくときにだいじなものですね。難しくても一生懸命知恵を絞り、できないことはみんなに協力してもらいながら、「やりたい」と思ったことは簡単にあきらめないという気持ちは、どんなふうに育っていくのですか?

山本　何かやろうとすると、始める前から「そんなのできっこない」というふうに大人は思いがちです。でも、「できっこない」と思って

しまったら、可能性は広がりません。

　けれどもうららには、保育者だけでなく保護者も含めて**「やってみる」ことが保障されている環境と文化**があります。同じように管理者も、職員がやりたい、やってみたい、ということを最初から「それはできっこない」とは言いません。「じゃあ、ちょっとやってみようか」となるんです。

汐見　それは暮らしの哲学ですね。これがほしい、これが必要だ、というときに「そんなのできっこないよ」で片づけてしまったら、暮らしは成り立ちません。たとえ材料がなくても、経験がなくても、状況に合わせて工夫しながら、最初の思いはなんとか形にしていくというのが暮らしです。

　やりたいことが自由にできる環境の中で、工夫次第、考え方次第、努力次第でこんなこともできたんだという思いが、子どもの中でも保育者の中でも確信になっていくんでしょうね。

齊藤　園長としては、「わたしたちは子どもの姿を後ろから追いかけていこうね」と言っています。そして、**「こうなってほしい」「こうありたい」という願いは、ちょっと先回りして「種まき」をしていく。その種まきが保育計画だと思っています。**

汐見　「種まき」は大人の知恵ですよね。そういうものをこっそり埋めておいた地面から、「やればできる」が生まれて育っていくわけですね。

　実はこの頃、自分たちのやっていること（保育）を可視化するためのことばが、そもそも背伸びしたものになっているのではないか、という気がして仕方ないんです。たとえば「子どもの発達」なんて言わずに「育ち」でいいじゃないか、「生活」というのもいいけれど、「暮らし」のほうがもっとしっくりくるんじゃないかと。

　そんなふうにして、もう一回保育というもののだいじな意味を、身の丈に合ったことばで歴史の中に置き直してみる。それがうららのやっていることなんだなと、お二人のお話を聞きながら思いました。

レポート
5

愛川舜寿《しゅんじゅ》会
カミヤト凸凹《でこぼこ》保育園

カミヤト
凸凹保育園
DECO BOCO NURSERY SCHOOL

【神奈川県厚木市】

0 ～ 5歳児まで定員90名。2019年開設。同じ施設内に0 ～ 18歳までの障害児通所事業（未就学児の児童発達支援と就学児の放課後等デイサービス）がある。

障害のある子、
外国籍の子が育ち合う。
インクルーシブの
一つの答えがここに！

汐見先生

カミヤト凸凹保育園
園長
山口良子先生

愛川舜寿会
常務理事
馬場拓也先生

カミヤト凸凹保育園
保育士
勝又優子先生

【共生】多様性を認め合う
【寛容】許し、受け入れる
【自律】個を尊重する

一人ひとり、みんながもっている凸と凹

完ぺきな人なんていない

障害のある子や外国籍の子もいるから凸凹《でこぼこ》保育園、と誤解する方もいますが、そうではありません。障害のあるなしによらず、もちろん国籍にもよらず、わたしたちはみんな、自分の中に凸と凹をもっている。完ぺきな人なんていないじゃないか、というのが園のコンセプトです。だから、だれもがもっている、それぞれの好きなもの、好きなこと、得意なことは伸ばして、引っ込んでいるところは埋め合いましょうという考え方です。

自分の苦手なことやできないこと、困っていることを素直に吐露できれば、そこにネットワークが生まれます。そういう営みを園という箱の中だけでなく、地域の中にも広げていこうとしています。

ダイバーシティのネイティブに

ここには10か国の国籍の子どもたちがいますし、自閉症など目に見えない障害のある子、指や足が不自由など身体に障害のある子もいます。もちろんほかの子たちにも、それぞれ弱点や苦手なことがあります。でもその子どもたちに「外国籍の子」「障害児」「困った子」などと名前をつけるのは大人です。子どもたちは、そこに名前をつけません。「〇〇がうまい〇〇ちゃん」「やさしい△△くん」と、背景ではなくその子自体が前景化しています。

わたしたちの仕事は、目の前の子どもが毎日楽しく元気に過ごせるようにサポートすることですが、その上位の目的は、障害者や外国人、あるいは自分自身をも切り捨てたりしない大人に育ってほしいということなのです。

エコロジカルアプローチを目指して

カミヤト凸凹保育園全体図

子どもが自由に走り回れる広い回廊が、すべての部屋をぐるりとつないでいる。

園をぐるりと囲む回廊

園庭と保育室をつなぐ半屋外のスペースが広く設けられている。

開放的な保育室

3・4・5歳児の部屋は棚で仕切られている。自由に行き来できるので、だれもが心地よい居場所を見つけやすい。

みんなが育ち合う場所

凸凹保育園は、「障害のあるなしによらずみんなが通える場所に」という思いから、発達障害や障害が疑われる子どもも積極的に受け入れます。また、併設のカミヤト凸凹文化教室には、障害のある子どもが児童発達支援センターや小学校などに通いながら通所しています。

保育園と文化教室は事業としては別々ですが、入ってしまえば散歩や遊び、昼食やおやつなど、ほとんどの時間はみんな一緒。文化教室の「放課後等デイサービス」は、高校生まで利用できるので、園児たちは小・中・高校生とも日常的に触れ合います。

障害のある子は自分が援助を受けるだけでなく、同時に周囲に大きな意味や影響を与えます。そういう経験を積み重ねていく中で、

凸凹文化教室内の風景

文化教室には、ゆっくり休める畳のコーナーやソファもある。保育園の部屋や活動にも出入りは自由。

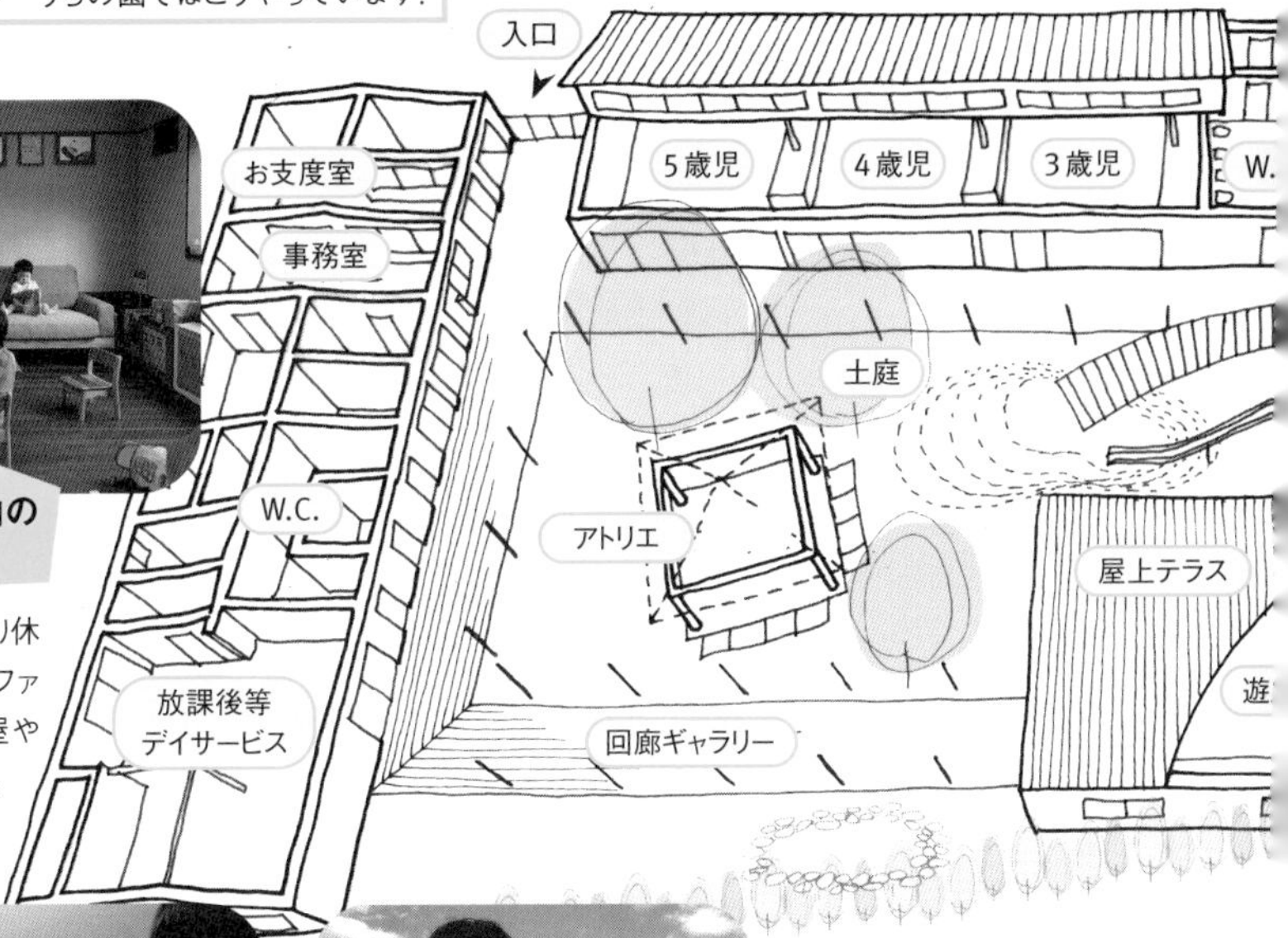
入口
5歳児
4歳児
3歳児
W.
お支度室
事務室
土庭
W.C.
アトリエ
屋上テラス
放課後等
デイサービス
回廊ギャラリー
遊

小中高生との触れ合い

小学生のお兄さんと一緒に遊ぶのはとっても楽しい時間。

子どもたちが育ち合っていく様子を注意深く、また楽しく見守っています。ともに生活していくことで、子どもたちは自然に育ち合っていくのです。

集団の中の一員として

わたしたちは子どもや援助の対象者を、個人としてだけでなく、集団の中の一員として考えます。なぜならその子のことだけを頭のてっぺんから爪先まで顕微鏡でくわしく観察しても、そこには書かれていない大切な情報があるからです。たとえば、その子には昨日どんなことがあったのか、その子は何を見ているのか、どんな気持ちなのか、そのヒントはチームの保育者や家族、ほかの子たちが発することばの中にあったりします。その子が置かれた環境や社会的な背景まで深く広く視野に入れて、問題解決をしていくエコロジカルアプローチを実践するために、わたしたちは常に開かれた保育をしていく必要があるのです。

地域を取り込み、地域に出ていく

地域の人との関わり

散歩に出かければ、地域の人々との交流が。厚意で、毎年田植え体験もさせてもらう。

焼きいも器を借りる

秋に収穫したさつまいもを焼き芋にしたい思いが地域の人へつながり、焼き芋器を持ってきてくれた。できた焼き芋は、いつもお世話になっている地域の人々へお裾分け。

何もないけどなんでもある

凸凹保育園の周囲は、田んぼや畑が広がるのどかなエリアです。養豚場、竹やぶ、地域の人々、これらは非常に豊かで貴重な資源です。しかし今は、その豊かな資源に個人でアクセスするのがとても難しい時代です。

しかし、それを可能にできるのが保育。散歩に出れば野菜や果物を持たせてくれる地域の人がいて、七夕の笹を取らせてくれる家がある。園の草刈りに来てくれる人、オオクワガタを持ってきてくれる人もいます。

こういう出会いや贈り物を、どう受け取り、子どもたちの育ちにつなげていくか、アセスメントをくり返し、常によりよい保育を目指していくところに、現代の園のほんとうの意味と価値があるのではないかと思っています。

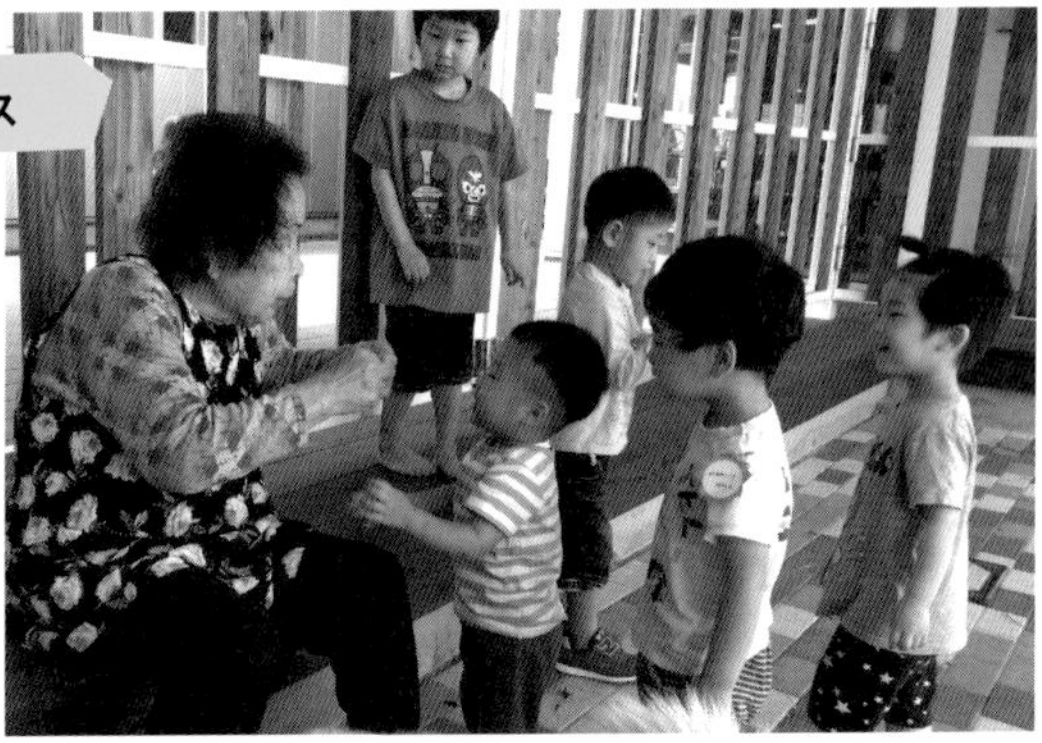

まちテラス

柵の隙間を広くし、園内の様子がよく見えるここには、地域の人が散歩がてらひと休みできるベンチもあり、園児と交流できる場にもなっている。

まさえさんとの交流

まちテラスで知り合ったまさえさんのおうちへ行きたいという子どもたち。まさえさんのところへ散歩に行くと、縁側から急いで出てくるまさえさん。子どもたちはみんな、まさえさんにハイタッチして散歩を続ける。

地域の人とケアし合う子どもたち

凸凹保育園はできるだけ外から見えるように柵のピッチを広げ、柵の外側には地域の人たちがひと休みできるベンチも設けています。

あるとき、園の様子を毎日見ていた近所のおばあさん（まさえさん）が、泣き虫の子どもを「男のくせにメソメソしてんじゃない！」と一喝したことがありました。彼女が保育者なら、これは適切なことばとはいえません。しかし、おばあさんはその子を気にかけ、次の日も次の日もやってきます。

やがて子どもたちとこのおばあさんはすっかり仲よしになり、散歩のときにはおばあさんの家の前で必ずハイタッチをします。おばあさんは子どもたちを気にかけ、子どもたちもおばあさんを気にかけて、互いにケアし合うことで子どもたちの世界は広がり、おばあさんの生活も活性化していきました。

たくさんの記録を書いてきたからこそ

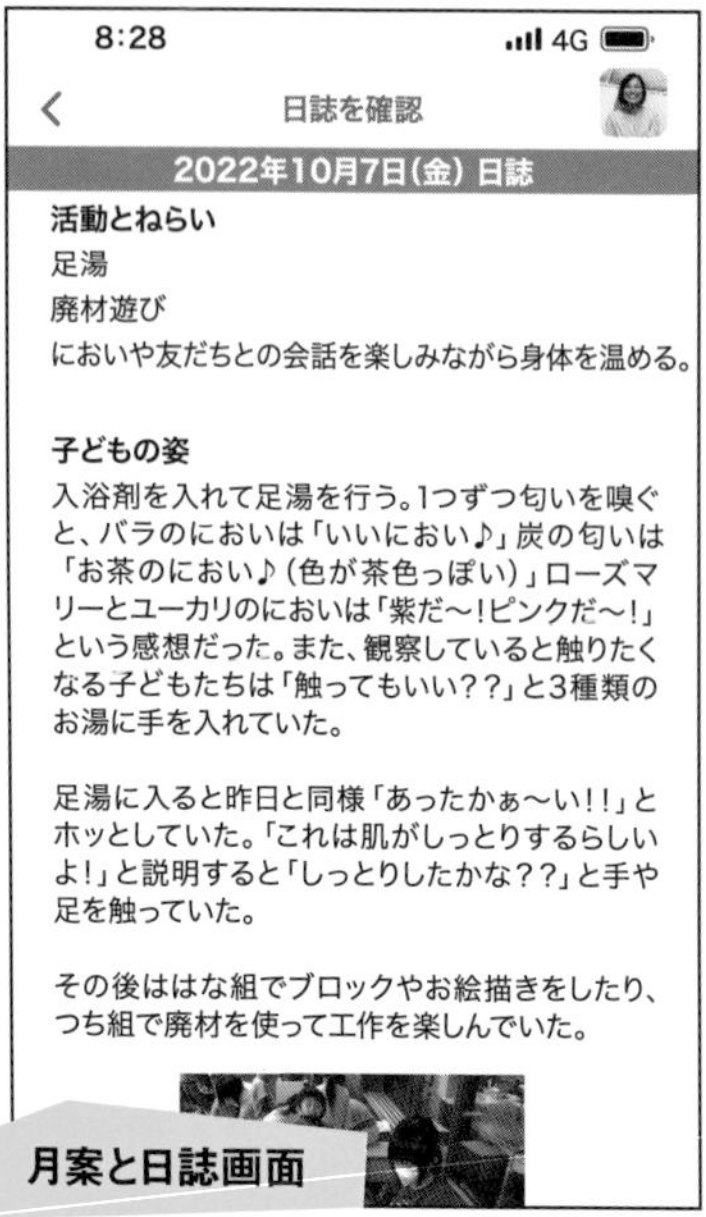
8:28
4G
日誌を確認
2022年10月7日(金) 日誌
活動とねらい
足湯
廃材遊び
においや友だちとの会話を楽しみながら身体を温める。
子どもの姿
入浴剤を入れて足湯を行う。1つずつ匂いを嗅ぐと、バラのにおいは「いいにおい♪」炭の匂いは「お茶のにおい♪(色が茶色っぽい)」ローズマリーとユーカリのにおいは「紫だ〜!ピンクだ〜!」という感想だった。また、観察していると触りたくなる子どもたちは「触ってもいい??」と3種類のお湯に手を入れていた。
足湯に入ると昨日と同様「あったかぁ〜い!!」とホッとしていた。「これは肌がしっとりするらしいよ!」と説明すると「しっとりしたかな??」と手や足を触っていた。
その後ははな組でブロックやお絵描きをしたり、つち組で廃材を使って工作を楽しんでいた。

月案と日誌画面

週案は現在休止中。遊びは子どもの発見や行動によって刻々と変わっていくので、1か月単位の大きな枠（月案）を子ども目線で作っていく。

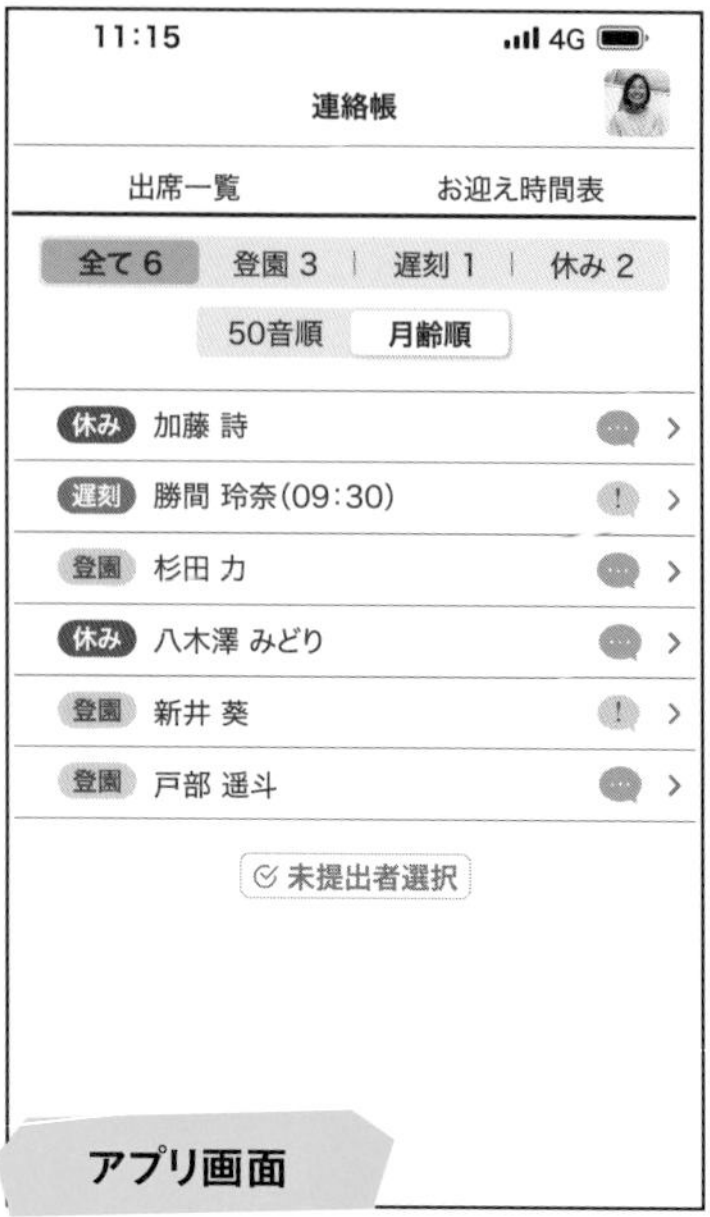
11:15
4G
連絡帳
出席一覧
お迎え時間表
全て 6
登園 3
遅刻 1
休み 2
50音順
月齢順
休み 加藤 詩
遅刻 勝間 玲奈(09:30)
登園 杉田 力
休み 八木澤 みどり
登園 新井 葵
登園 戸部 遥斗
未提出者選択

アプリ画面

登降園、出欠の状況もアプリで把握できるが、登降園時と病欠の際には、必ず保護者と会話をもつことにしている（名前はすべて仮名）。

必要なことを必要なだけ

保育者が毎日することは、スマートフォンを使った日誌の記入と発信です。これは、記録を書くための残業を可能な限り軽減させる取り組みです。

自身の子育てや、リフレッシュする時間を取るなど、保育者自身のプライベートの充実も、プロとしてとても重要なことです。その時間を確保するために、優先順位をつけ、過剰な書類に追われることのないような配慮と工夫を心がけています。

必要なことを必要なだけ、負担なく記録できて、すぐに見返すこともできるICTの活用は、とても重要なことだと考えています。園としても常に振り返り見直しながら、よりよい保育のできる環境作りを目指しています。

《そら組》
・「集まるよー」と声を掛けなくても、歌を聞くと、自分たちで集まって保育者の前に座るようになった。
・自分の物と友だちの物がわかり、Fちゃんがみんなにエプロンを配ったり、Rちゃんが帽子を被せてあげる姿が見られる。

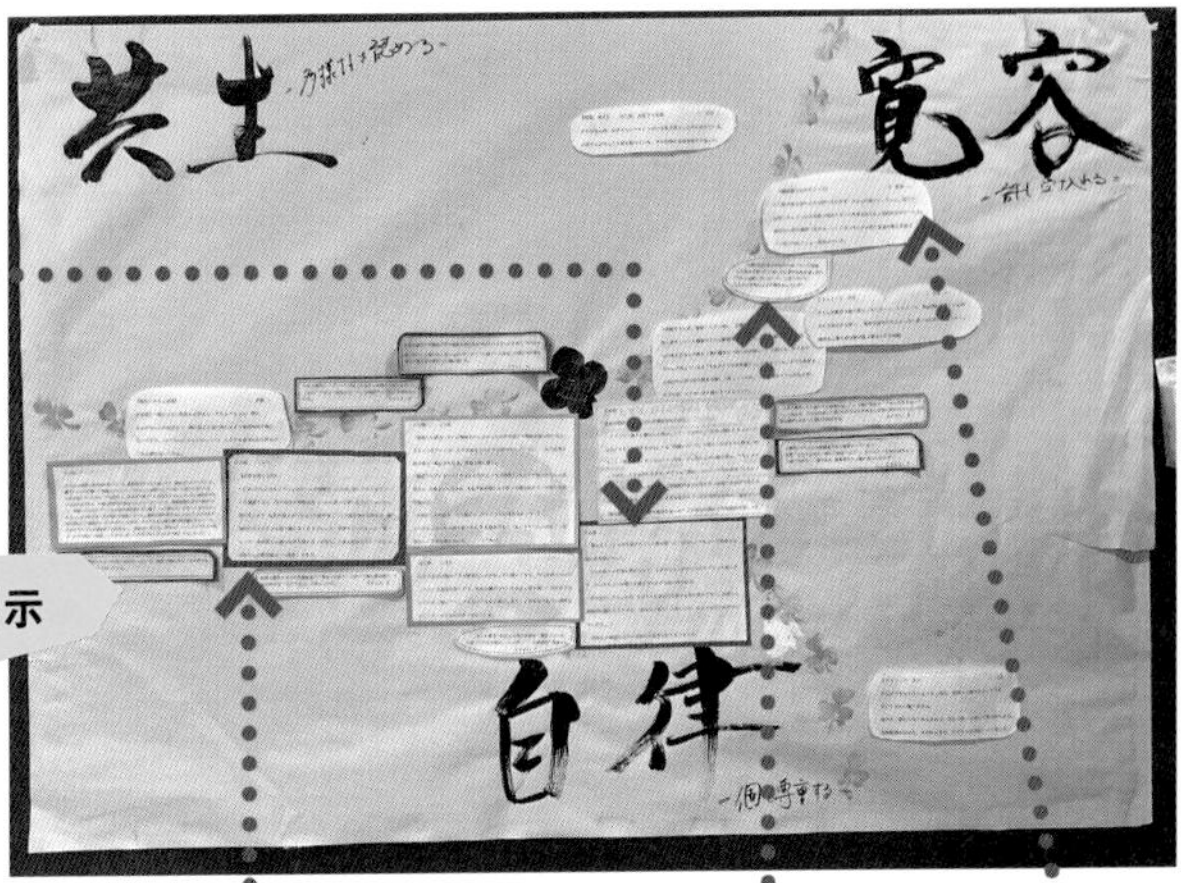

エピソード掲示

園のテーマ「共生・寛容・自律」の書かれた模造紙にマッピングされているエピソード。

《はな組　10月》【成長を感じるとき】
・ジャンケンにはまっているがルールが曖昧だったため、改めてみんなでルールを確認すると、ほとんどの子が理解でき、ルールに沿って楽しそうにジャンケン遊びをしたり、玩具の取り合いになったときや鬼ごっこの鬼を決めるときなど、積極的にジャンケンを使うようになってきた。また、ジャンケン列車やドンジャンケンなど、ジャンケンを応用した遊びを好むようになってきた。少人数の遊びから、リレーやしっぽ取りなど集団遊びへと変化してきた。

《S君》自分のおやつをペロッと完食した後、まだ食べてない子に空のお皿を差し出し、「これと交換しない？」と言っていた。

《園庭遊びのエピソード》
にじ組のAちゃんの持っていたダンゴムシが逃げてしまった。近くで虫探しをしていたかぜ組の男の子たちに状況を伝えると、何匹か分けてくれた。Rくんは最初「あげなーい」と言っていたが、周りの友だちの様子を見て「一匹だけね！」と一匹あげていた。

振り返って語り合う

職員会議の最後は、子どもたちのエピソードを語り合う時間にしています。

エピソードを共有することで、「その場面を見て、わたしはこう思ったよ」「その前の場面はこうだったよ」「その後こうなっていたよ」「こんな見方もあるのでは？」と、思いがけないさまざまな意見が飛び交います。

子どもと保育を多角的な視点で振り返ることは、保育のアセスメントとしてとても大切ですし、子どもの姿を中心にした楽しい語り合いの時間を通して、職員間の風通しもよくなり、連携もより深まっていくと感じています。それほど、「子どもたちの姿」には、心を温かく、なごませる魔法のようなものがあると感じます。

また、どんな難しいテーマの会議でも、最後は明るく笑ってお開きになるというのもエピソードトークで会議を締める利点です。

情報は発信するところに集まる

インスタグラムで発信する理由

園では子どもたちの様子をアプリで保護者に発信するだけでなく、インスタグラム(インスタ)もやっています。発信するのは、単に子どものかわいい姿を伝えるためではありません。

子どもに障害があるのではないかと一人で悩んでいた保護者が、あるときポロッとその心情を吐露したら、翌日から医療や教育、保険などいろんな情報がバンバン入ってくるようになった、という話があります。つまり情報は発信するところに集まる。自分の凹を隠していれば、必要な情報は集まりません。

保育を振り返り、それをオープンにしていくところに、初めてネットワークが構築され、それが結局わたしたちを助けてくれるのではないかと思っています。

インスタから見えてくること

「インスタをやろう」と決まったときは、正直「そこまでやる?」「できるかしら?」と思いましたが、今ではほんとうに始めてよかったと思っています。

保護者に限定せず子どもの姿や保育を発信することは、ネットワークや可能性を広げてくれるだけでなく、楽しげな写真やコメントからは、保育者たちの子どもに対するまなざしや保育の仕方、考え方もよく見えます。

「あの写真いいね」という切り口から対話を深めることもできますし、何よりも保育者が好きなことを楽しそうにやっている姿が伝わってくるのが素敵です。園はいつも、子どもはもちろん、保育者たちも主体的に動く場所であってほしいと願っているからです。

保育者が捉えた子どもの姿

望遠鏡

カラーセロハンで望遠鏡づくりをしました。色が違うだけで、いつも見えている景色とはまた違った世界が広がります。一生懸命一つの穴をのぞく子どもたち。一体何がどういうふうに見えているのか、それを考えるのも「子どもたちに寄り添った保育」をすることにつながります。

インスタ始めました

インスタを始めた頃に発信したもの。

土と水溜まり

「気持ちいいの?」「うん」とうなずく子。人的環境、自然環境、どんな子も置き去りにしない環境とはなんだろうといつも考えます。土と水溜まりが今の彼女を愛でている。彼女が自分を解放できる遊び、この後、ご飯をおいしく食べられる生活とお昼寝。そのリズム。

寄り添う二人の子

一人では怖くて下りられない坂も、お姉ちゃんと一緒なら大丈夫。保育者が手を差し伸べる前に、頼れるお姉ちゃんがそばにいました。共生（共に生きる）を強く感じさせるこの場面。異年齢で過ごす時間の大切さを改めて感じました。

子どもの姿や保育を発信する
カミヤトのインスタグラム

@DECOBOCONURSERYSCHOOL

足

散歩で拾った木の実や葉や園庭に実っているボイセンベリーを使った染め物。染め方に変化を加えながら2度重ね染めをしました。香りをかいだり、触れてみたり、味わったり、色の変化を観察したり……。五感をとおした遊びが展開します。

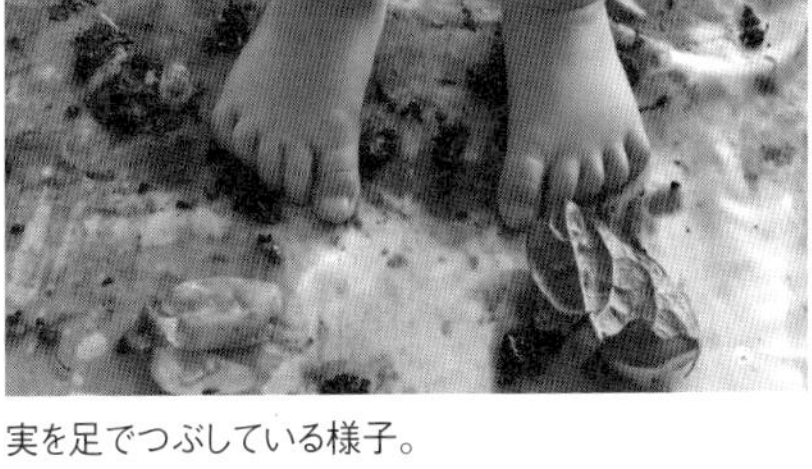

実を足でつぶしている様子。

汐見先生と
山口先生
馬場先生
勝又先生
TALK

凸凹保育園は障害のある子もない子も一緒に生活することで、双方が育ち合っていくというインクルーシブな教育を絵に描いているような園ですね。

山口 ありがとうございます。インクルーシブといわれても、ごくふつうの保育をしているつもりなんです。いろんな個性のあるお子さんがもっとたくさん入ってきたら、園のトーンもさらに変わっていくのかな？ という期待はすごくもっているのですが、なかなか希望どおりにはいきません。

汐見 たとえば、たくさん受け入れることに対して、どんな問題や課題があるのですか。

山口 障害をもつ子をたくさん入れれば、加配要員も増えます。でも加配要員がいると、どうしてもその子との関わりが一対一になりやすく、子ども同士の関わりが希薄になってしまうんです。

汐見 なるほど、凸凹保育園には、加配要員でなくても、一人ひとりの子どもに「○○ちゃんは今これをやりたがっているからこうしよう」とか、「今はちょっと気をつけて見ていよう」とか、見えないところで配慮している保育者がたくさんいますね。

山口 それほど特別な配慮をしているわけではありません。個性のある子がたくさんいますし、開放的な建築の園ですから、みんないつでも好きなところに行ってしまいます。

なるべく禁止はしないようにしたいので、集団（クラス）をまとめるという点では、担任としてはいろいろ難しいところもあると思います。でも「○○くんは今ここで遊んでいるよ」と、保育者同士は常に連携を取り、困ったことはみんなで共有して、折々に子どもたちのエピソードや成長を語り合うようにしています。

個性的な子どもたちをどう見守っている？

汐見 アセスメントというのは、子どもの育

ちを軸にして保育をどう振り返るか、ということになると思います。わたしは子どものことをみんなで議論することがほんとうに大切だと思っているのですが、普段の職員会議やミーティングでは、子どものことをどんなふうに議論されていますか？

勝又　**たくさんの目、いろいろな視点で子どもたちを見ていこう**ということで、自分のクラス以外の子のことも、見たり聞いたり、気づいたことは、休憩時間やちょっとしたすき間時間にも話すようにしています。会議ではケースごとに、その子の成長やその子が今困っていることなどの情報をみんなで共有し、それをもとにそこからまた1か月、様子を見守っていくというやり方をしています。

汐見　会議だけでなく、普段から子どものエピソードを語り合い、共有し合っていくことはとても大切です。

　しかし、「〇〇ちゃんて大変なのよ」とか、「またこんなことしちゃって……」というのは、語り合いではありません。「〇〇ちゃん、すごかったよね」とか、「あの子なかなかおもしろいよね」と、おもしろかった、感動した、というような**ポジティブな面を共有し、どう活かしていくかというあたりに、園の力量が現れるような**気がするんです。

勝又　やはり噛みつきとか、手が出るとか、マイナス部分を共有せざるを得ないときもあります。でも、**その子の見方や距離感を変えて、何か違う関わりをしたいというところに**フォーカスして話し合うようにしています。

　そして、たとえば「〇〇くん、相手が笑ったのを見てうれしそうだったよ」というような、ほんとうに小さい変化もみんなで共有して、積み重ねていきたいなあと思っています。

汐見　それはだいじなことですね。**その子にできるだけみんなが注意を向けて、ちょっとしたポジティブな変化を見逃さず、それをまたみんなで共有していく。**インクルーシブな保育というのは、口で言うほど簡単ではなく、そういうていねいな援助を積み重ねながら、語り合いながら、少しずつ深めて形にしていくということですよね。

汐見先生と
山口先生
馬場先生
勝又先生
TALK

これから外国籍のお子さんが増えていくと思います。凸凹保育園は、そういう事実に直面しているのでしょうか?

馬場　隣接する愛川町は、すでに人口比率で7・5%が外国人、そのうち7割が南米系。小学校には18か国10言語の子どもがいます。

うちの園には今年、日系ペルー人の新卒職員が入り、彼女はスペイン語が話せるので、南米系の保護者については比較的カバーできるようになりました。彼女は日本生まれで日本語ネイティブですが、家族の会話はスペイン語。そういう意味では自身が、「家族が日本語のコミュニケーションに不安を感じている」当事者であるともいえます。

汐見　園がインクルーシブを打ち出していくことによって、国籍や障害などのさまざまな当事者である職員が徐々に集まってきているそうですね。**ともに生きるというときに、当事者性というのは大切な視点**です。

馬場　そうですね。当事者性のある職員と子どもたちの間に、また職員間でも、これまでとはまた違ったコミュニケーションが展開していくのを、おもしろいなあと思って見ています。

汐見　ところで、スペイン語圏以外の保護者と話すときには、スマートフォンの翻訳アプリなどを使うのですか?

勝又　そうですね。でもうまくいくときといかないときがあって、なかなか難しいです。

汐見　やはりことばが通じないというのは、子どもを預けるときの大きな不安材料だと思います。いろいろな国の保護者が、自分の子どもについてもっと情報がほしいというときにはどうしていますか?

山口　普段は同じ国出身の保護者同士が「通訳して」と、お願いし合ったりしています。少し込み入った話は、事前に同じことばを話す保護者に、「今度通訳をお願いします」と、こちらからお願いするケースもありました。「頼まれてうれしい」と積極的に受けてくださる方もいらっしゃるので、そういう関わりもまたよいものだなと思っています。

馬場　園での生活は、アプリやインスタグラムを使って写真を共有しているので、保護者は「今日は芋掘りをしたのね」とか「田んぼに行ったのね」ということを把握できます。学校教育の中での言語の障壁に比べると、**遊びを中心とした幼児教育の活動は、写真による非言語の情報がかなり下支えをしてくれている**という印象です。

汐見　写真がコミュニケーションツールになっているのですね。たとえば多言語を話す卒園児に、放課後に園でボランティアをしてもらうなんていうこともできるんじゃないでしょうか？

馬場　そうですね。法人内の別の施設では、地域の移民問題や課題にアクションを起こしている大学生に、子どもたちの学習支援のボランティアをしてもらっています。

汐見　そういう人たちに園でも活動してもらったらいいんじゃないかな。

馬場　細部を詰めていくのはこれからですが、実は現在構想中です。

汐見　そうやってどんどん「開かれた園」になっていくのはいいことですね。

馬場　はい。そもそも園はオープンな回廊形で、玄関も廊下も半屋外です。保育室のドアを閉めてはじめて、屋内空間が生まれるのですが、この広い半屋外の中間領域が、人のつながりをやわらかく寛容にしてくれるところがあると思います。

おかげで子どもたちも保育者も、日本の保護者も外国籍の保護者も、そして地域の人たちも、日常的なコミュニケーションは身構えず、開放的におおらかに、うまくやってくれているなという印象です。

汐見　なるほど。インクルージョンを追求してきたからこそ、オープンマインドを形にした施設ができあがったのですね。日本のインクルーシブ保育のだいじなモデルを作ってくれるのではないかと大いに期待しています。がんばってください。

ぼくが夢見る未来

むかしむかし、社会が変化していくスピードは、今とは比べものにならないほどゆっくりしていました。たとえばお父さんはおじいさんがやっていた仕事を継いで、その子どもも同じように同じ仕事に就きました。そしておそらくそのまた子どもも、同じ仕事を引き継いできたのです。

そのため、親は子どもの将来や仕事について、またそのために必要な能力について、かなり正確に予測することができましたし、役に立つアドバイスや教育を与えることもできました。

しかし、18世紀半ばの産業革命を経て、さらにはコンピューターやAI（人工知能）の進化とともに、社会の変化の度合いとスピードはどんどん加速しています。今の子どもたちが大人になったときの社会を、わたしたちは簡単に想像することができませんし、子どもたちの多くは、わたしたちがこれまで見たことも聞いたこともない仕事に就くことになるでしょう。

そういう社会を生きる子どもたちに必要なのは、これまでのようにたくさんの知識を詰め込んだり、難しい計算が正確にできるようになるという教育ではありません。だからといって、就学前からプログラミングを習わせるのが正解とも思えません。

今から10年、20年後、わからないことは人工知能ロボットに聞けば大体解決し、自分で車を運転したり、外へ買い物に行く必要がなく、ひょっとすると料理も料理ロボットにしてもらう社会において、生きがいをもって上手に生きていくために必要なスキルとは、いったいどういうものでしょう?

そういうことを考えるときにだいじなことは、人間が長い歴史を通じていつも大切にしてきたことに戻ることでしょう。人間は楽になることだけを目指して生きてきたのではありません。やりくりが上手になること、手料理が上手になることなど、そして人の世話をして役に立つこと、助け合うことなどを生きがいとしてきたのです。

だからこそ、たっぷり体験・体感ができて、みんなでワイワイしながら「今、輝いている」という保育が大切なのです。みんなで相談して、こうしたらもっとおもしろいとか、うまくいかなかったときはみんなで解決策を考えて、もう一度やってみる。そうしてやっと「できた!」という経験をしていれば、どんなときでも考えたり、相談したり、工夫したりすればなんとかなる、ということが身体にこびりついていくのです。

これからもしばらく地球の人口は増え続けます。食料が地球レベルで確実に足りなくなる社会を生きる今の幼児たちに必要なことは、もう一度日本の産業のベースを農業に変えようというラディカルな姿勢でしょう。食料自給率が世界でも最も低い日本を地産地消の国に変えていく。そういうことを楽しく実現する知性を育てたいのです。

ぼくが
保育園を作るなら……

未来の子どもたちを育てる新しい教育をしていくためには、学校も新しいタイプに変わっていかなければなりません。

たとえば新しい発電システムを考える、地域の環境問題を解決する、おじいちゃんおばあちゃんが元気に楽しく生きられる社会はどうしたら作れるのか、というようなことを年間のテーマにして、自分の身の周りの地域だけでなく、全国の都道府県、自治体や学校、さらには他の国の状況も調べてみたりするのです。

現実の社会問題の中に、テーマは無限にあります。もちろん修学旅行もその延長線上でやればいい。学校での学びが、社会問題解決のための訓練だとしたら、みんなもっと進んで勉強するようになるのではないでしょうか？

もちろん必要な知識を習得する授業はあってもいいのですが、国の作ったそういうカリキュラムは午前中だけ。午後は、中学生には部活がありますが、これからは小学校も部活に限らず自分の作ったカリキュラムで行動してはどうでしょう。ピアノを弾きたい人はずーっと弾いていてもいい。囲碁をやりたい人は、ずーっと囲碁をしていればいい。

そうすればおもしろい才能を発揮する子どもがどんどん出てくるのではないでしょうか。

＊＊＊

保育園や幼稚園も同じです。

もしも自分で好きなように保育園を作るとしたら、ぼくの園では午睡が終わったら部活です。「預かり保育」なんていわないで、部活。子どもたちが自分でやりたいこと、熱中できるものを選んで活動します。

ピアノ、バイオリン、和楽器など、何か楽器を習いたい人は近所の先生に来てもらってレッスンを受ける。将棋を覚えたい子は近所のおじいさんに来てもらって教わる。料理、アート、手芸、語学やダンス、スポーツなど、地域の人材を上手に活用し、ほとんどお金をかけないで楽しんだり、学んだり、練習したりすることができるようにします。

また、そうすることで園と地域の人たちとの太いつながりも作れるでしょう。

そして卒園する頃には、楽器の一つも弾けたり、朝ご飯くらいは自分で作れるようになっていたり、あるいは保育園児将棋大会が開けたらおもしろいな、と思います。

ただ、それには保育者だけでなく、保護者の大きな意識の転換が必要になります。今のところ、これがけっこう大きな障壁かもしれませんが、園側のやさしく温かい夢語りがそれを克服していってくれるでしょう。

著者紹介

汐見稔幸（しおみとしゆき）

東京大学名誉教授。家族・保育デザイン研究所代表理事。全国保育士養成協議会会長。エコカレッジぐうたら村村長。保育と保育周辺の専門家たちとの協働により、保育の本質に迫るセミナーや研修を行っている。NHK『すくすく子育て』の出演でもおなじみ。『教えから学びへ;教育にとって一番大切なこと』（河出新書）、『この「言葉がけ」が子どもを伸ばす!』（PHP文庫）、『0〜3歳能力を育てる 好奇心を引き出す』（主婦の友社）、『汐見稔幸 こども・保育・人間』（Gakken）ほか著書多数。

取材協力・資料提供

東京家政大学ナースリールーム
RISSHO KID'S きらり岡本
みかり会
清遊の家 うらら保育園
愛川舜寿会 カミヤト凸凹保育園

STAFF

表紙・本文デザイン	GRiD（釜内由紀江、清水桂）
まんが	すぎやまえみこ
イラスト	さいとうあずみ、田原直子
企画編集	Will（片岡弘子、川松いずみ）
取材・原稿	橋本明美、緒方麻希子
本文DTP	Will（滝田梓）、岡田由美子
校正	村井みちよ

汐見先生と考える
子ども理解を深める保育のアセスメント

2023年2月20日 発行
2023年7月10日 初版第2刷発行

著　者	汐見稔幸
発行者	荘村明彦
発行所	中央法規出版株式会社 〒110-0016 東京都台東区台東3-29-1 中央法規ビル Tel 03-6387-3196 https://www.chuohoki.co.jp/
印刷・製本	図書印刷株式会社

定価はカバーに表示してあります。
ISBN978-4-8058-8822-3